Dr. Sigune Barsch-Gollnau, Dr. Volker Herrmann,
Hubert Rösch und Beate Weiss

Erfolgreich lernen – kompetent handeln

Der Methodentrainer für Seminarkurs und Präsentationsprüfungen

Lehrerband

C.C. Buchner

Erfolgreich lernen – kompetent handeln
Der Methodentrainer für Seminarkurs und Präsentationsprüfungen
Lehrerband
Von Dr. Sigune Barsch-Gollnau, Dr. Volker Herrmann, Hubert Rösch und Beate Weiss

Dieses Werk folgt der reformierten Rechtschreibung und Zeichensetzung. Ausnahmen bilden Texte, bei denen künstlerische, philologische oder lizenzrechtliche Gründe einer Änderung entgegenstehen.

1. Auflage 432 2010 2009 08
Die letzte Zahl bedeutet das Jahr dieses Druckes.

www.ccbuchner.de

Gestaltung: Sybilla Weidinger, Weidinger Plus Grafik Design, Fürth
Herstellung: Weidinger Plus Grafik Design, Fürth
Druck und Bindung: creo Druck & Medienservice GmbH, Bamberg

ISBN 3-7661-4424-3
ISBN 978-3-7661-4424-9

Inhalt

Liebe Lehrerinnen und Lehrer,

der vorliegende Lehrerband ergänzt den Schülerband „Erfolgreich lernen – kompetent handeln“. Er beinhaltet übersichtliche Hilfsmittel wie Organisations- und Zeitpläne, Gedankenstützen und Vordrucke, Lösungen für die Aufgaben des Schülerbandes, Hintergrundinformationen sowie weitere Themen- und Aufgabenvorschläge und bildet somit mit dem Schülerband eine Einheit. Die grafischen Darstellungen dienen dabei einer raschen Orientierung.
Dieser Band ist nach nunmehr achtjähriger Erfahrung mit dem Seminarkurs in der Oberstufe entstanden und birgt somit erhebliches Wissen um inhaltliche und organisatorische Hürden und deren Überwindung. Schüler- und Lehrerband sind dabei nicht nur für den Seminarkurs selbst relevant, sondern bieten allgemeine Unterstützung für Präsentationen in der gymnasialen Oberstufe und das Vermitteln und Erlernen der dafür notwendigen Kompetenzen.
In der neuen Situation des Seminarkurses tritt ein Team aus Lehrkräften möglichst vieler Fachrichtungen den Schülern gegenüber als Moderatorenteam, als Anleitungshilfe und – vor allem in der ersten Phase der Basisgruppenarbeit – als Trainer auf. Erfahrungsgemäß ist dabei der Umstellungsprozess vom stark anleitenden zum überwiegend selbstständigen Lernen für die Mehrheit der Schülerinnen und Schüler schwierig und bedarf lenkender, jedoch unauffälliger Kontrolle.
Ziel des Seminarkurses ist es, sowohl Fach- und Methodenkompetenz als auch Sozial- und Personalkompetenz zu entwickeln. Im Rahmen eines übergeordneten Themas suchen sich dazu die einzelnen Schülerteams anspruchsvolle Unterthemen heraus, die über Recherche, Erstellung eines Berichtes, Durchführung einer Präsentation und dem abschließenden Kolloquium bearbeitet, dargestellt und überprüft werden. Durch gezielte Schulung der geforderten Kompetenzen werden dabei zunehmend höhere Anforderungen an die Rhetorik, das Zeitmanagement, die Komplexität und sachliche Korrektheit der Inhalte, die ansprechende und sachgemäße Aufbereitung durch Visualisierung und den begründeten Medieneinsatz bei der Präsentation gestellt. Schüler- und Lehrerband unseres Methodentrainers bieten Ihnen und Ihren Schülern hierzu vielfältige und praxiserprobte Hilfestellungen.

Wir wünschen Ihnen nun viel Freude, Erfolg und gute Teamarbeit beim Seminarkurs!

Die Autoren

1 Organisation und Durchführung des Seminarkurses

Zur Entstehung des Seminarkurs-Modells

Zum Schuljahr 1998/99 starteten wir – die Autoren dieses Buches – an unserer Schule mit dem Seminarkurs. Hinter uns lag zu jenem Zeitpunkt bereits ein gutes Stück Arbeit:

- Seit November 1997 hatten wir uns mit inhaltlichen und organisationstechnischen Planungen wie der Themenfindung, möglichen Bewertungskriterien, einem Jahresplan und der stundenplantechnischen Einordnung befasst.
- Um eine frühzeitige Verankerung und Wertschätzung dieses besonderen, freiwilligen Unterrichtsangebots bei den Schülern zu erreichen, hatten wir in mehreren Informationsveranstaltungen, aber auch in zahlreichen Einzelgesprächen unser Konzept vorgestellt und dafür geworben.
- Erläuterungen zum Kursthema, zu möglichen Arbeitsthemen und einen Terminplan hatten die Schüler, die sich letztendlich für den Seminarkurs entschieden, bereits vor den Sommerferien erhalten.
- Selbstverantwortlich, aber auch über entsprechende Angebote unseres Regierungspräsidiums hatten wir uns als Seminarkurslehrer vor allem zu Aspekten der Rhetorik und der Präsentationstechnik fortgebildet.

Den Seminarkurs organisieren – aber wie?

Die allgemeinen Zielsetzungen des Seminarkurses als besonderes Unterrichtsangebot sind immer wieder formuliert worden: Die Schülerinnen und Schüler sollen *methodische, personale* und *soziale* Kompetenzen erwerben und ihre *fachlichen* Fertigkeiten weiterentwickeln. Den Weg dahin zu finden – diese Herausforderung lag bei uns.
Die verschiedenen Anrechnungsmöglichkeiten im Abitur und verbindliche formale Vorgaben für diese besondere Lernleistung – eine schriftliche Arbeit, eine Präsentation und ein Kolloquium für jeden Teilnehmer – bildeten das Fundament für die Fragen, mit denen wir uns in der Vorbereitungsphase sehr intensiv beschäftigten:

- Welcher methodischen und personaler Kompetenz bedarf es für einen selbstständigen, hochschulnahen Arbeitsstil, für die Präsentation und Dokumentation fachlicher Ergebnisse und Erkenntnisse?
- Wie können Schüler solche Kompetenzen erwerben?
- Welche besonderen Methoden sind notwendig, um soziale Kompetenz zu entwickeln und um damit die Qualität der Teamarbeit in den Arbeitsgruppen zu optimieren?
- Und: Anhand welcher Kriterien sind solche Kompetenzen zu bewerten?

Heraus kam schließlich das *„Tuttlinger Modell"*. Ein integrativer, fachübergreifender Ansatz mit zweigleisiger Vorgehensweise erschien uns unerlässlich. Wir wollten eine möglichst große Anzahl an Themen ermöglichen, die von den einzelnen Schülern und in den Arbeitsgruppen behandelt werden konnten, unter Berücksichtigung fachspezifischer Vorlieben und unterschiedlicher Anrechnungsmöglichkeiten im Abitur.
Diesen Ansatz formulierten wir in einem *Kursthema.* In den ersten Wochen eines Schuljahres, ungefähr bis zu den Herbstferien, sollte es Aufgabe der neuen Seminarkursteilnehmer sein, sich unter dem Dach dieses Kursthemas Gedanken zu machen über geeignete *Gruppenthemen* – Hilfestellungen unsererseits bei Bedarf eingeschlossen.
Blieb die Individualleistung des einzelnen Schülers, sein *persönliches Thema,* einerseits passend zur jeweiligen Gruppe, andererseits umfassend und eigenständig genug, um der Notenverordnung des Landes Baden-Württemberg gerecht zu werden, in der Individualbenotung für alle Teilleistungen des Seminarkurses vorgeschrieben wird. Beispiele dafür finden Sie in **Material 1** (S. 6).

Gleichwertig neben diesen *themenbezogenen Arbeitsgruppen* standen für uns sogenannte *Basisgruppen*, in denen wir die in diesem Buch vorgestellten „handwerklichen“ Fertigkeiten vermitteln wollten, zeitlich flexibel und ohne Bindung an den engen zeitlichen Rahmen von Schulstunden. Die Zusammensetzung von Basis- und Arbeitsgruppen war und ist bei unserer Organisationsform des Seminarkurses nicht identisch. Klar war uns dabei von vornherein, dass die Ausbildung in den Basisgruppen auf keinen Fall parallel zur inhaltlichen Arbeit geschehen konnte. So entschieden wir uns letztendlich für *Arbeitsphasen*. Einen darauf bezogenen Terminplan für die Schüler finden Sie im Kap. 2 auf S. 10.

Übersicht der Arbeitsorganisation

Idee und Konzeption → *fächerübergreifend und integrativ*
Organisation → *zweigleisig: Themengruppen und Basisgruppen*
Durchführung → *in Phasen*

Tipp

- Zur Vorbereitung der Präsentationen und der schriftlichen Arbeiten, die erst gegen Ende eines Schuljahres abgeliefert und bewertet werden, bekommen die Teilnehmer des Seminarkurses mithilfe eines Zwischenberichts und einer Zwischenpräsentation schon im ersten Halbjahr Rückmeldungen über ihren Leistungsstand und machen wichtige Erfahrungen in für sie noch neuen Prüfungsumständen.
- Eine vielversprechende Methode, Art und Qualität der Kooperation in den selbstständigen und eigenverantwortlichen Arbeitsgruppen zu überprüfen, ist ein Arbeitstagebuch, in dem jeder Schüler über Gruppenprozesse und Gruppenergebnisse persönlich reflektiert.

Material 1

Kursthema – Gruppenthema – Einzelthemen in Beispielen[1]

Ich will Spaß?! – Aspekte der Spaßgesellschaft

Gruppenthema 1: „Familie und Spaßgesellschaft“
a) Die traditionelle Familie
b) Vater- und Mutterrollen
c) Familie und Freizeitgestaltung
d) Neue Familienformen

Gruppenthema 2: „Das Ehrenamt in der Spaßgesellschaft“
a) Jugendliche im Ehrenamt
b) Erwachsene und Senioren im Ehrenamt

Gruppenthema 3: „Hedonismus und Spaßgesellschaft“
a) Die historische Entwicklung des Hedonismus
b) Der Mensch im Hedonismus
c) Hedonismus und Spaßgesellschaft – kritisiert und bekämpft?
d) Kunst und Hedonismus

[1] Seminarkurs am Otto-Hahn-Gymnasium Tuttlingen, Schuljahr 2002/03

2 Strategien zur Gruppen- und Themenfindung

Zur Organisation

Bereits einige Wochen vor Schuljahresende des Vorjahres sollte ein Vorbesprechungstermin für die gesamte Jahrgangsstufe des künftigen Seminarkurses anberaumt werden, bei dem neben dem Lehrerteam die Bedeutung, die Ziele, der Zeitplan, der geschätzte Zeitaufwand, die Benotung und das Thema des Seminarkurses vorgestellt werden. Zudem kann eine bereits erstellte Literaturliste zum Oberthema Anlass für die Schüler sein, sich schon einzuarbeiten. Möglicherweise bietet sich auch ein allgemeiner „Wandertag" der Schule für diesen Termin an.

Material 1

Muster einer Einladung zum Vorbesprechungstermin

Die künftigen Seminarkurs-TeilnehmerInnen der Jahrgangsstufe 11 treffen sich

am Dienstag, den 4. Juli 20..
um 12.45 Uhr
in der Mediothek

Es werden folgende Punkte besprochen:
- Großthema
- Ziele
- Anforderungen
- Zeitplan
- Gruppenbildung
- Vorgehensweise
- Benotung

Der frühe Zeitpunkt ermöglicht es den am Seminarkurs interessierten Schülern, sich bereits vor der Sommerpause gedanklich mit der Gruppen- und Themenfindung zu beschäftigen, deren Prozesse sich gegenseitig bedingen bzw. parallel verlaufen. Während der Sommerferien können sie zudem nach Literatur, Materialien und Informationen Ausschau zu halten, die bei der Eingrenzung des Themas helfen können.
Das Lehrerteam sollte bei der Vorstellung des Seminarkurses bewusst die Vorgabe von exakt formulierten Themen vermeiden: Die Themenfindung ist ein sehr anspruchsvoller und komplexer Vorgang und die Schüler sollen schon in der Entscheidungsphase für den Seminarkurs diese Anforderungen erkennen. Im Folgenden werden potenzielle Themenbereiche des Seminarkurs-Oberthemas „Die Moderne" vorgestellt. Die Einbeziehung möglichst vieler Fachrichtungen soll dabei das vernetzte Denken fördern.

Die Moderne – Potenzielle Themenbereiche

Das Fremde - das Eigene (D, F, G, Mu)
Brechts Dreigroschenoper (D, Mu)
Die Goldenen Zwanziger Jahre (D, F, G, Mu, Ph,...)
Wissenschaft und Identität (Ch, D, F, Ph, M,)
Naturwissenschaft und Macht – eine unheilvolle Allianz? (Ch, G, Gk, Ph, M)
Lebenswelten (Bio, Ch, D, G, Gk, Ph)
Mobilität (Bio, G, Gk, Ph)
Mythos Berg (Ek, Psych, D, G, Mu)
Totenkult (Rel, D, G, Mu)
Lebensmittelveredelung (Bio, Gk, Ch)
Kindheit in der Moderne (Bio, G, Psych)
Musik in der Moderne (Mu, Ph)

Es werden dabei noch recht grobe Themenfelder angeboten, die die Kreativität, das persönliche Interesse und den Erfahrungsbereich der Schüler ansprechen sollen. Im Folgenden sehen Sie Beispiele für eigene Themenstellungen, die Schülergruppen zum Thema „Die Moderne" vorlegten. Es sind bereits eigenständige, problembewusste Ansätze erkennbar.

Material 1

Beispiele der von Schülern erstellten Gruppen- und Einzelthemen zum Seminarkurs-Thema „Die Moderne"

Gruppenthema 1: Die Pädagogischen Reformansätze in der Moderne
a) Rudolf Steiner
b) Peter Petersen
c) Wilhelm von Humboldt

Gruppenthema 2: Der Einfluss der Börse auf die BASF
a) Bahnbrechende Produkte der BASF
b) Wirtschaftliche Entwicklung der BASF
c) Der Einfluss des Börsengangs auf die BASF und die Region

Gruppenthema 3: Das Transportwesen in der Moderne
a) Verkehrstechnische Erschließung der Alpen
b) Flugzeuge als Transportmittel
c) Die Geschichte des Automobils

Gruppenthema 4: Die Gartenstadtbewegung
a) Grundidee und Verwirklichung
b) Architektur

Gruppenthema 5: Montessori-Pädagogik
a) Maria Montessori als Frau in der Moderne
b) Pädagogische Grundgedanken und Ziele

Ein anderer Jahrgang fand unter demselben Oberthema weitgehend selbstständig zu folgenden Themen:

Gruppenthema 1: **Der Zeppelin in der Moderne - das Beispiel LZ 129 „Hindenburg"**
- a) Leben und Ideen des Grafen Zeppelin
- b) Wirtschaft - Gesellschaft - Soziales
- c) Gasfüllung, Lenkung, Beschichtung
- d) Entwicklung des Zeppelin

Gruppenthema 2: **Die Stadt in der Moderne. Das Beispiel Berlin**
- a) Industrie/Wirtschaftspolitik/politische Struktur/Arbeitsbedingungen
- b) Masse und Macht
- c) Sportliche Großveranstaltungen als Phänomen der Moderne
- d) Architektur

Gruppenthema 3: **Antisemitismus**
- a) Judentum in der Literatur
- b) Eugenik und Rassenlehre
- c) Geschichte des Antisemitismus
- d) Christliche Kirche im Antisemitismus

Gruppenthema 4: **Kleidung im Wandel**
- a) Coco Chanel
- b) Kunstfasern
- c) Kleidung als Statussymbol

Nachdem der Prozess der Themensuche in Gang gesetzt worden ist, sollte gleich in der ersten Schulwoche der erste wöchentliche Nachmittag festgelegt werden. Mittels verschiedener, auch unterhaltsamer Methoden wird die neue Art des Arbeitens im Seminarkurs aufgezeigt und die per Zufall ermittelte Einteilung in die *Basisgruppen* durchgeführt. Die Anzahl der Basisgruppen entspricht der Anzahl der Lehrkräfte im Seminarkursteam. Im ersten Schuljahresdrittel werden innerhalb dieser Basisgruppen unter anderem Redegestaltung, Redetechnik, Körpersprache, Präsentationstechnik und Visualisierung vermittelt und geschult. Nach etwa drei Monaten werden die Basisgruppen aufgelöst und die weitere Arbeit erfolgt in den sogenannten *Themengruppen*. Doch zunächst werden grundlegende Regeln festgelegt:

Grundregeln für den Seminarkurs

- Es gilt Anwesenheitspflicht.
- Terminabsprachen werden eingehalten.
- Alle ausgeteilten Mitteilungen werden im persönlichen Seminarkurs-Ordner abgeheftet.
- Die Erstkorrektoren der schriftlichen Seminarkurs-Arbeit sind später vorwiegende Ansprechpartner für die jeweiligen Schüler/innen.

Gleichzeitig erhalten die Kursteilnehmer den Zeitplan für das erste Halbjahr, in dem die genauen Termine für die Basisgruppenarbeit, den Besuch der Universitätsbibliothek, die Videoanalyse, Abgabe des Zwischenberichtes und für das zweitägige Blockseminar in einer Hütte angegeben sind.

Material 2

Erster Halbjahresplan für den Seminarkurs im Schuljahr 2003/2004

08.09.03 Eröffnungssitzung
15.09.03 Basisgruppenarbeit
22.09.03 Basisgruppenarbeit
29.09.03 Basisgruppenarbeit
06.10.03 Besuch der UB Freiburg

13.10.03 Festlegung der einzelnen Themen (spätester Termin)
20.10.03 Basisgruppenarbeit
27.10.03 Basisgruppenarbeit

Herbstferien

10.11.03 Basisgruppenarbeit
17.11.03 Basisgruppenarbeit
24.11.03 Basisgruppenarbeit
01.12.03 Gruppenarbeit
08.12.03 Videoanalyse
15.12.03 Arbeit in den Themengruppen (AidT)
19.12.03 Abgabe des Zwischenberichts

Weihnachtsferien

12.01.04 (AidT)
19.01.04 (AidT)
26.01.04 (AidT)
02.02.04/ 09.02.04 Zwischenpräsentationen

Änderungen vorbehalten

Material 3

Zweiter Halbjahresplan für den Seminarkurs im Schuljahr 2003/2004

02.02.04 Zwischenpräsentation
09.02.04 Arbeit in den Themengruppen (AidT)
16.02.04/ 17.02.04 Blockseminar Kraftstein

Fastnachtsferien

01.03.04 AidT
08.03.04 AidT
15.03.04 AidT
22.03.04 AidT
29.03.04 AidT
05.04.04 Gliederungsbesprechung

Osterferien

19.04.04 AidT
26.04.04 AidT
03.05.04 AidT
10.05.04 AidT
17.05.04 Abgabe der Arbeit

Pfingstferien

07.06.04 AidT
14.06.04 AidT
21.06.04 AidT

28.06.04 Abschlusspräsentation
05.07.04 Kolloquium

Änderungen vorbehalten

Da noch vor den Herbstferien der Termin für das Festlegen der Themengruppen liegt, innerhalb derer die schriftliche Seminarkurs-Arbeit und die gemeinsamen Präsentationen erfolgen, ist es entscheidend, schon in der ersten Sitzung allen Kursteilnehmern die Leitlinien bei der Themenfindung zu verdeutlichen (siehe Schülerband S. 11). Unabhängig von der parallel verlaufenden Arbeit in den wöchentlichen Basisgruppen bilden die Schüler in den folgenden vier bis fünf Wochen der Orientierungsphase sogenannte Themengruppen, in denen neben dem Gruppenthema auch die Einzelthemen eingegrenzt, diskutiert und vorläufig festgelegt werden. Anhaltspunkt kann dazu eine Mindmap sein, die in einer ersten Plenumssitzung erstellt wurde (siehe Schülerband S. 6). Oft wird erst während der intensiven Arbeitsphase der Strukturierung der Zwischenpräsentation und des Zwischenberichtes das Thema exakt formuliert.

Basisgruppen	Themengruppen					
	(A)	(B)	(C)	(D)	(E)	(F)	(G)
Lehrer 1	A	B	C		E		G
Lehrer 2	A	B	C	D	E	F	G
Lehrer 3	A	B	C	D	E	F	G
Lehrer 4	A			D	E		

Aufteilung eines Seminarkurses in Basis- und Themengruppen ((A) - (G)).
Das Beispiel zeigt einen Seminarkurs mit vier Lehrkräften (1-4) und 24 Schülern (A-G), wobei gleiche Buchstaben für gleiche Themengruppenzugehörigkeit stehen.

Die Seminarkurs-Teilnehmer arbeiten nun selbstständig mithilfe des Schülerbandes mit Mindmaps, Roadmaps, Recherche- und Strategieübungen, um sowohl ihr Einzelthema einzugrenzen als auch sich in einer Gruppe persönlich und thematisch zu organisieren. Ein wichtiger Termin ist dabei die *Vorstellung der Gruppen- und Einzelthemen.* Zu der entsprechenden Sitzung wird die Gruppe dem gesamten Lehrerteam das Gruppenthema neben den Einzelthemen möglichst selbstständig und unter Beachtung der genannten Kriterien (siehe Schülerband S. 11) vorstellen, wobei etwa 10 Minuten pro Schüler angesetzt werden sollten.
Durch gezielte Fragen und Hinweise lenken die Lehrkräfte, zeigen mögliche Schwierigkeiten auf, hinterfragen die Argumentation und eruieren vorsichtig die Gruppenstruktur. Da eine Überforderung und damit eine Demotivation der Schüler bei der selbstständigen Themenfindung vermieden werden sollte, kann den Schülern auch die Möglichkeit eingeräumt werden, das Thema erst zu Beginn des zweiten Halbjahres, angeregt durch weiterführende Literatur, Erkenntnisse oder Fakten, exakt und verbindlich zu formulieren.
Unbedingt sollte das Lehrerteam bei dieser Sitzung darauf achten, dass unrealistische, da zu umfangreiche Ideen aussortiert bzw. auf ein realistisches Maß bezüglich Qualität und Quantität der Untersuchungen begrenzt werden. Anderen Schülern dagegen sollten mit genügend Empathie Anregungen, Orientierung im Thema und Stütze bei der Strukturierung des Vorgehens gegeben werden. Innerhalb dieser Themenvorstellung durch die Schüler kann deren Kreativität durch Ansprechen verschiedener Methoden geweckt werden: Neben der Literatursuche können beispielsweise Interviews geplant, Videos gedreht und Modellversuche erstellt werden.
Gerade in den Orientierungswochen vor dem oben genannten Termin ist neben der wöchentlichen Basisgruppenarbeit ein häufiges, interessiertes Nachfragen durch die betreuenden Lehrer bezüglich des Fortschritts bei der Themensuche und Gruppenfestlegung notwendig: Erfahrungsgemäß bringen die Seminarkursteilnehmer zu diesem Zeitpunkt nur selten den erforderlichen Mut für eine Beratung auf, zumal die Themen- und Gruppenfindung mithilfe des Schülerbandes selbstständig betrieben werden sollte. Da die betreuenden Lehrer an den Themengruppensitzungen nicht teilnehmen, sind diese scheinbar beiläufigen Informationen von Bedeutung, weil dadurch beizeiten festgestellt werden kann, ob die Gruppenprozesse konstruktiv verlaufen oder/und Problembewältigung gelernt oder bereits beherrscht wird. Deutlich ist das Angebot von Besprechungsterminen zu signalisieren, möglicherweise bei einem Jour fixe oder in wöchentlichen Sprechstunden.
Bei Bedarf sollten die betreuenden Lehrkräfte einzelnen Schülern oder Schülergruppen Zusatztermine zur Übung unter Anleitung anbieten. Sind die Themen schließlich formuliert, bringt ein Aushang für alle Klarheit über Themen und Zuordnung der Korrektoren. Die folgende Roadmap gibt den Prozess der Gruppen- und Themenfindung wieder.

Material 4

Basisgruppen und Themengruppen im zeitlichen Ablauf

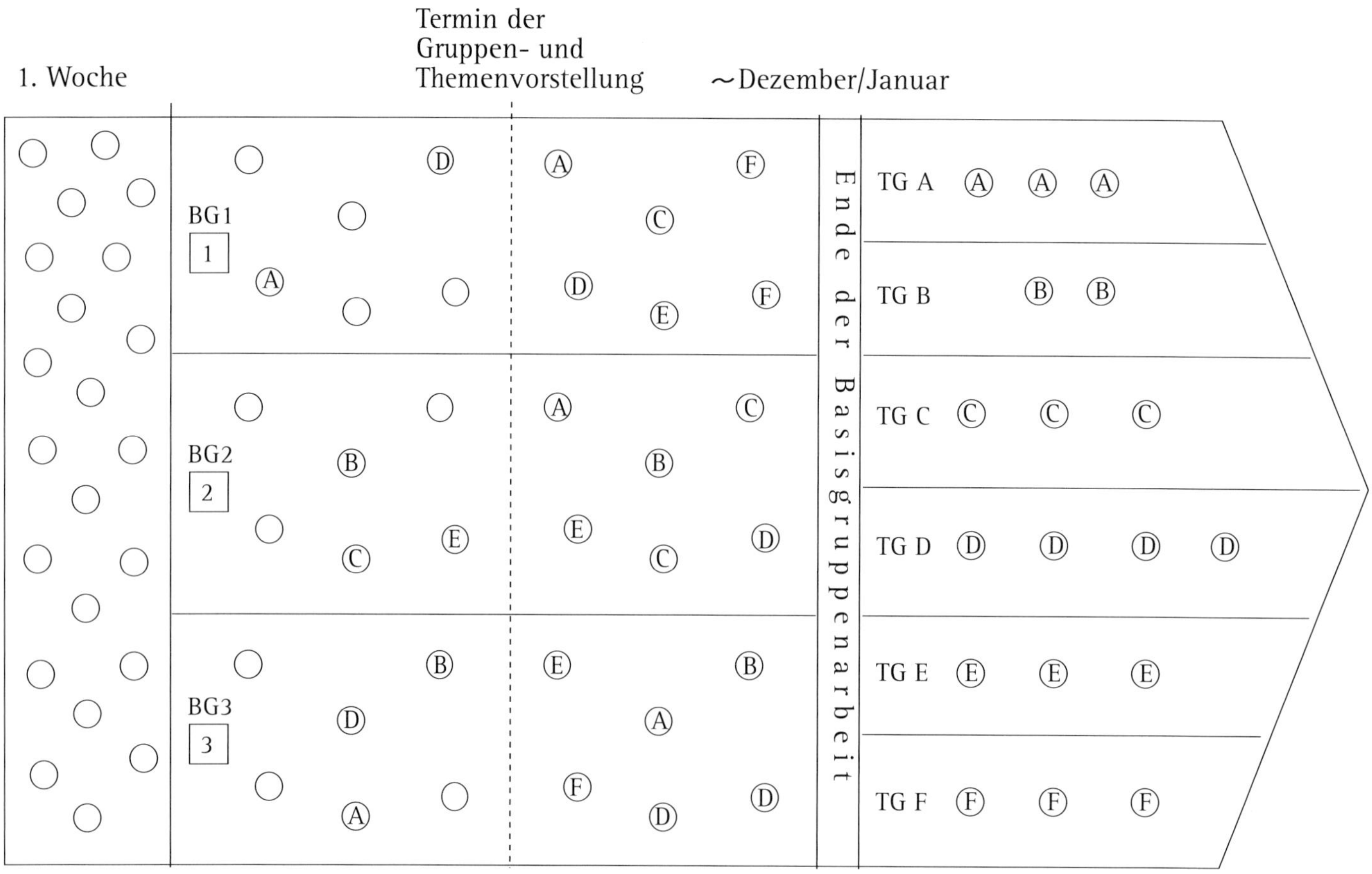

○ Teilnehmer
Ⓐ Ⓑ Ⓒ Teilnehmer mit Thema
BG1 Basisgruppe
TG A Themengruppe
[1] Lehrkraft

Zur Motivation

Wir Lehrenden wissen um die starken Kräfte, die eine hohe Selbstmotivation über sehr lange Zeiträume freisetzen kann und die uns – wenn vorhanden – ein großes Maß an erzieherischer Arbeit abnimmt. Die Selbstmotivation bezieht ihren Antrieb zum einen aus *extrinsischer Motivation* durch äußere Erfolgserlebnisse wie Lob, Ansehen, Vermeidung von Strafe oder Belohnung. Rational erkannte Notwendigkeiten und aufwändige Selbsterziehungsmaßnahmen allein vermögen jedoch nicht ausdauerndes Interesse und umfassende Begeisterung zu entwickeln. Die *intrinsische Motivation* dagegen ist durch Neugier, Leidenschaft und Lust gekennzeichnet, die nicht unmittelbar beeinflussbar scheinen. Komplizierte Wechselwirkungen zwischen verschiedenen Bereichen im Gehirn und körpereigene Opiate wie Endorphine und Dopamin entwickeln *erfolgsbezogene Glücksgefühle*. Innere Antriebsstrukturen finden ihre Antwort im seelischen Erleben tiefer Befriedigung. Im präfrontalen Cortex werden rationale Entscheidungen mit den emotionalen Informationen abgeglichen. Die eigentliche Belohnung ist nicht mehr die Anerkennung, das Lob, die Medaille, sondern das Glücksgefühl selbst.

Der Expeditionsbergsteiger, der sich den Gipfel eines 8000ers zum Ziel genommen hat, findet die langfristig antreibende Kraft für monatelanges, diszipliniertes Training, für das wochenlange anstrengende, karge, unkomfortable Leben in extremer Kälte und unter großer Sauerstoffnot sicher nicht in der masochistischen Lust der Selbstkasteiung und auch nur zum geringen Teil in der Anerkennung nach dem Gipfelsieg. Vielmehr erlaubt ihm seine bis dahin sukzessiv gewachsene Erfahrung gesuchter und bestandener Wagnisse bei vorangegangenen Bergbesteigungen, sich ein im doppelten Wortsinn höheres Erlebnisniveau zu erschließen. Ihn lenkt das bereits auf vorangegangenen Bergtouren erlebte, allumfassende, tiefe Gefühl, sich bezüglich dieser selbst gewählten, oft im persönlichen Grenzbereich angesiedelten Aufgabe, die ein Scheitern, sogar den

Tod einschließen kann, richtig eingeschätzt zu haben. Genauso kann es der Marathonläuferin, dem Weltumsegler, den Buchautoren, den Schülern im Seminarkurs ergehen. Ein passionierter Windsurfer beispielsweise wird bereits beim zufälligen Betrachten eines Surferkalenders seine Pulsfrequenz unwillkürlich ansteigen spüren oder eine begeisterte Botanikerin wird somatische Reaktionen bei sich bemerken, wenn sie von einer neu entdeckten Pflanzenart hört.
Gelingt es, bei unseren Schülern das emotionale Erfahrungsgedächtnis positiv zu besetzen, also sogenannte „somatische Marker“ (Maja Storch) bezüglich der eigenen Präsentationsfähigkeit und der Erstellung von schriftlichen Dokumentationen zu setzen, ist ein hohes Ziel des Seminarkurses erreicht. Das dadurch wachsende Selbstvertrauen, das mutigere Aufgreifen neuer Aufgabenbereiche und ein zuversichtliches, langfristiges Engagement sind die Folge und werden als emotionale Information gespeichert. Eine Verquickung von anspruchsvoller Aufgabenstellung und dem Glücksgefühl nach der Erfüllung derselben, zusätzlich zu Lob und Anerkennung durch andere, liefert die Grundlage für extrinsisch und intrinsisch motivierte Handlungen, also für hohe Selbstmotivation.
Die Umsetzung dieser theoretischen Ausführungen betrifft das Lehrerteam im Seminarkurs insofern, als die Lehrkräfte außer dem reinen Handwerk der Techniken des Methodentrainings auch indirekt den Erfolg einer Präsentation/Dokumentation vermitteln. In jedem Gespräch mit Schülern soll bewusst auf die Fortschritte, auf die positiven Ansätze und den Ideenreichtum eingegangen werden, um dann vorsichtig negativen Entwicklungen entgegenzusteuern. Dazu erscheint es hilfreich, bei einigen der rhetorischen Übungen durchaus die Hobbys oder Begeisterungen der Schüler zum Thema zu machen. Statt der sogenannten Nonsense-Reden (siehe Schülerband S. 53) können dabei Schüler die Strukturierung einer Rede, die Artikulation oder Modulation üben, indem ihr Hobby, ihr Idol oder eine Idee zum Thema gemacht werden. Schon hier wird offensichtlich, dass die Überzeugungskraft wächst, je mehr man sich mit dem Inhalt zu identifizieren vermag. Gleichwohl schafft dieses Offenbaren Vertrauen und regt den Mut an, nach *Begeisterungsfähigkeit* in sich zu suchen. Ein sich selbst verstärkender Prozess beginnt.
Im Tuttlinger Modell wird diesem Anspruch unter anderem Rechnung getragen, indem beim zweitägigen Blockseminar auf einer Selbstversorgerhütte mit jeder Schülerin und jedem Schüler sowohl gesondert im Einzelgespräch mit dem Erstkorrektor als auch mit dem gesamten Seminarkurs die Wirkung der jeweiligen Zwischenpräsentation und gemeinsame Überlegungen zur Verbesserung erarbeitet werden. Für die überwiegende Mehrheit der Kursteilnehmer ist die Präsentation vor anderen eine wirkliche Überwindung. Schließlich geben sie dabei einen Teil der eigenen Person preis. Hierbei entsteht anerkanntermaßen eine prägende Erfahrung in der Entwicklung der Persönlichkeit. Daher ist dem Feedback dazu gebührend Relevanz und Sensibilität einzuräumen. Bei positiver Grundtendenz und geschickter Gesprächsführung bringen die Seminarkursteilnehmer meistens selbst visuelle, strukturelle und medienbezogene Verbesserungsvorschläge ein. Sie empfinden sich dabei als weitgehend erwachsen akzeptiert.
Die Aufgabe der Lehrkräfte besteht darin, die Kursteilnehmer bereits beim *Termin der Themenvorstellung* durch vorsichtiges Sondieren auf echtes Interesse und Vorerfahrungen auf ein Motivationsfeld zu stoßen, bei dem Person und Thema eins werden können. Ebenso ist durch die Lehrer die intrinsische und extrinsische Motivation zu stärken, indem bei jeder Kurzrede, Übung und schriftlichen Arbeit zunächst das positiv zu Verstärkende aufgespürt wird, ehe der Übergang zu Verbesserungen angegangen wird.
Erfahrungsgemäß treten Phasen größerer Demotivation auf, wenn der Großteil der Recherche erledigt ist, die genauere Strukturierung des Endberichtes bzw. der Präsentation jedoch noch aussteht (siehe tiefenpsychologisches Wettkampfprofil im Schülerband S. 14). Auch aus diesem Grunde wird dem *Termin zur Besprechung der Gliederung* sowohl methodisch als auch motivationstechnisch eine wesentliche Bedeutung beigemessen.

3 Zeitmanagement

Gutes Zeitmanagement ist ein Ziel, das mithilfe entsprechender Techniken gut vermittelt werden kann. Im Sinne des angestrebten hochschulnahen, selbstständigen Arbeitens scheint es nicht sinnvoll, diesbezüglich stark auf die Seminarkursteilnehmer einzuwirken und als Kontrollinstanz zu fungieren. Vielmehr bleibt es innerhalb der Basisgruppenarbeit vorrangig bei der Vorstellung und einiger Übungen mit Roadmap und Zeitplänen. Folgende praxisnahe Übungen vor allem zu Zielsetzung und Zielgewichtung schulen die Schülerinnen und Schüler im Umgang mit der zur Verfügung stehenden Zeit.

→

- Planen Sie sowohl organisatorisch als auch inhaltlich die Geburtstagsfeier Ihrer Großmutter, die in vier Monaten 80 Jahre wird; binden Sie dabei andere Familienmitglieder ein. Erstellen Sie dazu einen Viermonatsplan und den Wochenplan der letzten Woche vor dem Termin.

- Organisieren Sie theoretisch einen Sportfestnachmittag für 40 Kindergartenkinder, der in vier Wochen (im Sommer) sein soll. Achten Sie besonderes auf die Unterteilung in Grob-, Fein- und Nebenziele.

- Sie sollen als Schülermitverwaltungsmitglied die Verabschiedungsfeier Ihres Schuldirektors in drei Monaten mitgestalten, wobei Ihnen von der Schulkonferenz 30 Minuten eingeräumt werden. Berücksichtigen Sie auch die Möglichkeit der Delegation von Aufgaben.

- Sie haben die Leitung für die Gestaltung eines Feuchtbiotops in Ihrer Schule übernommen, wofür Ihnen ein Jahr bis zur Fertigstellung zur Verfügung steht. Legen Sie Ziele, deren Hierarchie und zeitliche Priorität in groben und auch feiner abgestimmten Roadmaps fest. Beachten Sie dabei die jahreszeitlichen biologischen Gegebenheiten.

- Erstellen Sie eine Roadmap für die äußere Organisation eines zweitägigen Blockseminars auf einer Selbstversorgerhütte, das in sechs Wochen stattfinden soll.
  Hinweis: Mittels kurzer Vorträge über die fertige Roadmap können so z.B. Schüler für die organisatorische Durchführung des seminarkursinternen Blockseminars gefunden werden. Die verantwortlichen Schüler gewinnen durch diese Aufgabe an Lebenserfahrung und Selbstvertrauen.

- Planen Sie einen Sektempfang mit Imbiss für das Publikum zur öffentlichen Endpräsentation Ihres Seminarkurses (auch hier können die geeigneten Pläne möglicherweise direkt in die Praxis umgesetzt werden).

Methodisch sinnvoll erscheint es, außer in der Basisgruppenarbeit auch bereits beim *Termin der Themenvorstellung* die unterschiedliche Bedeutung der einzelnen Ziele in Bezug auf die geplante Zeit anzusprechen, eine Einteilung in wichtige und unwichtige Aufgaben vorzunehmen und auf das Pareto-Prinzip zu verweisen – sowohl bei der Recherche als auch bei der Bearbeitung des jeweiligen Themas. Als extrinsische Motivation zur groben Strukturierung der Zeit dienen den Schülern die mindestens fünf festgelegten Termine, die allen mit dem Halbjahresplan vorliegen (siehe Kap. 2, S. 10) wie beispielsweise *Abgabe des Zwischenberichtes, Zwischenpräsentationen und Besprechung der Gliederung.* Diese Termine besitzen einen hohen Stellenwert, da sich niemand vor den Mitschülern und Lehrern blamieren möchte, und fordern dadurch von allen indirekt eine Strukturierung der Zeit. Die jeweiligen Erst- und Zweitkorrektoren sollten gelegentlich das Zeitmanagement der Schüler überprüfen. So kann bei zufälligen Begegnungen nach dem persönlichen Befinden, der Kontinuität der selbstständigen Gruppenarbeit und dem Fortschreiten der Recherchearbeit oder dem schriftlichen Formulieren gefragt werden. Bedarfsweise sind Gesprächstermine anzubieten. Entscheidend ist, durch einen relativ engen, ständigen Kontakt zu den Schülern den Fortgang der Arbeit und die Auseinandersetzung mit dem Thema zu verfolgen, ohne dabei als Kontrollinstanz zu gelten. Stellt sich im bestem Fall ein persönliches, offenes Vertrauensverhältnis zwischen Schülern und Lehrkräften ein, so dient dies außer dem mittelbaren Beobachten des Zeitplans zum einen der Qualität der entstehenden Arbeit und Präsentation, zum anderen stärkt es die Selbstsicherheit und Motivation der Seminarkursteilnehmer.

Erfahrungsgemäß ist für das Zeitmanagement des Lehrerteams eine gemeinsame Freistunde von großem Vorteil, da häufige Absprachen, Hinweise und Bewertungsergebnisse dadurch ohne Organisationsaufwand ausgetauscht werden können.

Tipp

In der folgenden Roadmap ist der gesamte Ablauf des Seminarkursjahres wiedergegeben, wobei natürlich Abgleichungen mit der jeweiligen schulischen Situation und der Ferienplanung unternommen werden müssen.

Jahres-Roadmap für die Seminarkursplanung

Juli	Seminarkurs-Thema dem gesamten Jahrgang vorstellen mit möglichen Themenfeldern Gemeinsame Freistunde beim Stundenplankollegen für Seminarkurs-Team erbitten SOMMERFERIEN	
September	Eröffnungssitzung für alle Interessenten: Vorstellen der Ziele und Methoden Verbindliche Anmeldung Einteilung in Basisgruppen (BG) Bibliotheksbesuch absichern, dem Kollegium mitteilen Bibliotheksbesuch, Anmeldeformulare für den kommenden Kurs mitnehmen	
Oktober	Hütte mieten Vorstellen der Gruppen- und Einzelthemen Festlegen der Erst-/Zweitkorrektoren	↓ Praktische Rhetorik Redeaufbau Körpersprache Visualisierung Recherche Zeitmanagement
November		
Dezember	Videoanalyse Abgabe Zwischenbericht Erst-/Zweitkorrektur	
Januar	Elternbrief für Blockseminar Zwischenpräsentationen	Ende Basisgruppenarbeit
Februar	Blockseminar: Rhetorik, Besprechung der Benotung der Zwischenpräsentationen + Berichte	
März	Besprechung der Gliederung durch Erstkorrektor	
April	Abgabe der Arbeit 2. Videoanalyse	
Mai	Erstkorrektur Benotung Zweitkorrektur Schriftliche Einladung zu öffentlichen Endpräsentationen	
Juni/Juli	Endpräsentation in Themengruppen Notengebung im Lehrerteam Kolloquien Notenmitteilung und Begründung: Kolloquium, Präsentation, Dokumentation } durch Erstkorrektur Vorstellung des neuen Seminarkurs-Themas vor dem folgenden Jahrgang gemeinsame Freistunde für Seminarkurs-Kollegen erbitten	

Erläuterungen
Im auslaufenden Schuljahr vor dem Seminarkurs wird der Stundenplanmacher der betreffenden Schule um eine gemeinsame Freistunde aller am Seminarkurs beteiligten Lehrer und Lehrerinnen gebeten.
Bei der Vorstellung des Seminarkurses vor dem gesamten Jahrgang, der dem Seminarkurs vorausgeht, sollen künftige Teilnehmer gewonnen werden. Motivierend ist dabei sicher, einige Schülerbeiträge von ehemaligen Seminarkurs-Absolventen mit einzubeziehen.
In den ersten beiden Schulwochen ist durch eine Eröffnungssitzung eine letzte Chance gegeben, sich verpflichtend für den Seminarkurs anzumelden oder auszusteigen. Hierbei wird möglichst ansprechend das prinzipielle Arbeiten im Seminarkurs vorgestellt.
Die erste Sitzung in den *Basisgruppen*, die z.B. durch verschiedenfarbige Kärtchen per Zufall gebildet werden, gibt den klaren Zeitplan für das erste Halbjahr vor, der das zeitliche Gerüst durch Termine fixiert. Sinnvollerweise wird von allen Schülern erwartet, dass ein Seminarkursordner für alle Informationen angelegt wird. Weiterhin wird deutlich gemacht, dass die Teilnehmer selbstverantwortlich an aktuelle Informationen gelangen, indem auf eine regelmäßige Überprüfung einer Seminarkurs-Stellwand verwiesen wird. Hier hängen die Lehrkräfte mindestens acht bis zehn Tage vor dem jeweiligen Termin ihre Informationen oder Einladungen aus wie z.B. zum *Termin der Besprechung der Gliederung, Uhrzeit der Präsentationen und Kolloquien*. Zusätzlich wird ein spezielles Seminarkurs-Fach angelegt, das den Schülern zugänglich ist und in dem unter anderem Kopiervorlagen und Ansichtsexemplare von früheren Seminarkurs-Dokumentationen ausliegen. Erst durch wiederholte Aufforderung erlernen die Schüler erfahrungsgemäß dieses eigenständige Einholen von Informationen, daher sollte am Schuljahresbeginn in den Basisgruppen hin und wieder nachgefragt werden, ob die Stellwand und das Fach Beachtung finden.
Um den Besuch einer Universitätsbibliothek (UB) vorzubereiten, wird frühzeitig ein Termin für eine Einführung festgelegt, da normalerweise Führungen zwar gern, jedoch bevorzugt in den Semesterferien, also vor dem 15. Oktober, angeboten werden. Unbedingt sind genügend Formulare vorab zu besorgen, so dass die Schüler mit den von den Erziehungsberechtigten unterschriebenen Anmeldungsformularen für den UB-Ausweis bereits anreisen können. Meistens finden sich verantwortungsvolle Schüler, die sich um Zug- oder/und Busfahrpläne bemühen und die Preise für Sammelkarten erfragen, was allerdings eine Absicherung durch eine Lehrkraft nicht ersetzt. Vorab werden die Schüler darauf hingewiesen, dass bei diesem Besuch bereits Bücher ausgeliehen werden können, sofern die thematische Vorbereitung dies ermöglicht.
Ist ein Blockseminar in außerschulischem Rahmen geplant, ist auch dafür eine frühzeitige Terminfestlegung mit dem Vermieter notwendig. Etwa zwei Wochen vor der Anreise werden die Eltern informiert und per Unterschrift um ihr Einverständnis gebeten. Die Planung des Blockseminars erfordert einen recht großen Aufwand, zumal wenn technische Geräte wie Overheadprojektor nebst Folien, Flipchart, Papier, Laptop, Beamer, Pult, Videokamera, Modelle aus Biologie usw. mitgenommen werden sollen. Um Missverständnisse zu vermeiden, werden alle Kollegen der Schule durch einen Aushang frühzeitig informiert, welche Schüler in welchem Zeitraum abwesend sind und – falls von Bedeutung – welche Geräte außer Haus sein werden.
Während des Herbstes bilden sich die Themengruppen und innerhalb dieser die *Gruppen- und Einzelthemen* heraus, die beim *Termin der Themenvorstellung* festgelegt werden (siehe auch Roadmap S. 15). Jetzt ordnen die am Seminarkurs beteiligten Lehrer sich den Einzelthemen zu, wobei möglichst zwei unterschiedliche Fakultäten einem Schülerthema zugeteilt werden. Außerdem macht es Sinn, nach Vorbildung und Interesse einzuteilen.
Etwa kurz vor dem Schulhalbjahresende ist die endgültige Arbeit in den Basisgruppen mit einer Videoanalyse jeder Schülerin und jedes Schülers abgeschlossen. Gleichzeitig sollten die Schüler so weit bei ihrer schriftlichen Arbeit vorangekommen sein, dass der Zwischenbericht vor den Weihnachtsferien abgegeben werden kann, um den Lehrern die Erst- und Zweitkorrektur in den Ferien zu ermöglichen.
Im neuen Jahr folgen die 15-minütigen Zwischenpräsentationen, die nicht öffentlich sind, bei denen aber für alle Seminarkurs-Teilnehmer Anwesenheitspflicht besteht. Die Bewertung dieser Vorträge pro Schüler und die Benotung der Zwischenberichte werden beim Blockseminar im Einzelgespräch durch den Erstkorrektor transparent gemacht.
Da die wöchentlichen Basisgruppentermine nun wegfallen, ist nach einer längeren intensiven eigenständigen Arbeitsphase in den Themengruppen der nächste Zeitpunkt der geplanten Kontaktaufnahme zum Erstkorrektor derjenige der *Besprechung der Gliederung*.

Tipp

Es hat sich bewährt, den verbindlichen Abgabetermin für die schriftliche Arbeit, auch als Endbericht oder Dokumentation bezeichnet, kurz vor die Pfingstferien zu legen, so dass den beiden Korrektoren Zeit für die Korrektur bleibt.

Die schriftliche Einladung zu den Endpräsentationen kann sowohl in der örtlichen Presse als auch als Elternbrief bzw. Aushang im Schulgebäude und im Lehrerzimmer angekündigt werden. Um mögliche Interessenten auf die Inhalte dieser Veranstaltung vorzubereiten, wird der genaue Wortlaut der Einzelthemen unter dem jeweiligen Gruppenthema mit entsprechender Zeitangabe aufgeführt.

Die Bewertung und Benotung erfolgt durch das gesamte Lehrerteam erst dann, wenn alle Präsentationen gehalten wurden, also je nach Teilnehmerzahl durchaus erst nach zwei jeweils vierstündigen Präsentationsabenden, wobei jedem Schüler 20 Minuten zur Verfügung stehen. Daher ist eine übersichtliche persönliche Protokollführung jeder Lehrkraft unbedingt erforderlich (siehe S. 54 ff.).

Ende Juni/Anfang Juli werden die abschließenden Kolloquien anberaumt, deren Benotung jeweils im Anschluss an eine geprüfte Gruppe im Lehrerteam erfolgt.

Ein letzter *Termin der Notentransparenz* beendet das Jahr des Seminarkurses. Dieser wird durch den jeweiligen Erstkorrektor an der Stellwand angekündigt und durchgeführt. Jedem Schüler wird die Bewertung sowohl der schriftlichen Dokumentation als auch der Präsentation und des Kolloquiums auf Wunsch ausführlich erläutert. Dazu bietet sich im Hinblick auf gutes Zeitmanagement an, die Unterlagen für jeden Schüler über das Jahr in eine Klarsichtdokumentenhülle zu ordnen, so dass am Schuljahresende beim Erstkorrektor Folgendes vorliegt:

- Beurteilungsbogen Zwischenpräsentation,
- Beurteilungsbogen Zwischenbericht,
- Beurteilungsbogen Präsentation,
- Beurteilungsbogen Endbericht,
- Endbericht und
- Protokoll und Benotung des Kolloquiums.

Jeder Lehrkraft liegt von jedem Schüler eine Notenübersicht aller Teilprüfungen vor (siehe Muster 1). Der Seminarkurs ist als abiturrelevante Prüfung abgeschlossen und kann in die Abiturwertung eingehen. Das Lehrerteam bereitet bereits den nächsten Seminarkurs durch eine neue Themenstellung und deren Vorstellung vor dem künftigen Jahrgang vor. Beim Stundenplanmacher wird für das neue Schuljahr um eine gemeinsame Freistunde für die Teamkollegen gebeten.

Muster 1: Notenübersicht Seminarkurs – Jahrgangsstufe 12

Name	Erstkorrektur	Zweitkorrektur	Zwischenpräsentation 12/1	Zwischenbericht 12/1	Präsentation 12/2	Note 12/2 (1x Präs. 12/1 + 1x Bericht 12/1 + 2x Präs. 12/2)	Bericht 12/2	Kolloquium	Endnote

4 Recherche

Tipp

- Häufig bieten Universitätsbibliotheken spezielle Führungen für Seminarkurse an.
- Planen Sie die Teilnahme an Führungen in der vorlesungsfreien Zeit. Während des Semesters haben Studenten Vorrang.
- Lassen Sie sich vor dem ersten Besuch der Universitätsbibliothek Anträge für die Ausstellung eines Bibliotheksausweises zuschicken, dann kann bei Minderjährigen noch zu Hause der gesetzliche Vertreter unterschreiben.
- Achten Sie darauf, dass beim ersten Besuch einer Universitätsbibliothek jeder seinen Personalausweis mitbringt. Dann kann vor Ort der Bibliotheksausweis ausgestellt werden.
- Lassen Sie erste Recherchen in Ruhe schon online zu Hause durchführen. So vorbereitet können die gewünschten Bücher direkt beim ersten Besuch mitgenommen werden.

Seite 31

Übungen zur Literaturrecherche

Aufgabe 1: Ziele könnten sein (nach steigender Komplexität geordnet):
- eine inhaltliche Wiedergabe
- eine Biographie von Michael Curtis, Humphrey Bogart, Ingrid Bergmann
- eine Analyse der Drehorte und des Drehbuchs im politischen Umfeld
- Was veranlasst den Autor/Regisseur dieses Thema zu bearbeiten?
- Was macht den Film „Casablanca" zum Kultfilm?

Aufgabe 2: Mögliche **Schlagworte/Schlagwortkombinationen** für die Recherche sind:
- casablanca
- humphrey bogart
- ingrid bergmann
- michael curtis (Regisseur)
- „ich schau dir in die augen kleines"
- film kritik casablanca
- filmkritik casablanca
- film kritik casablanca bogart
- filmkritik casablanca bogart
- filmmusik casablanca
- film musik casablanca
- filmanalyse
- film analyse

Aufgabe 3: Übersichtsplan: Ergebnisse der Internetrecherche

Suchbegriffe: → Informationsquellen: ↓	casablanca	bogart+ humphrey	bergmann+ ingrid	casablanca+ bogart+ film+kritik	ich+schau+ in die+augen+ kleines
Stadtbibliothek: www. ... Oben: Schlagwortsuche Unten: Stichwortsuche	1 Treffer 9 Treffer	0 Treffer 8 Treffer	0 Treffer 4 Treffer	0 Treffer	0 Treffer
Metasuchmaschine für Literatur in Universitätsbibliotheken: www.ubka.uni-karlsruhe.de/kvk.html (Unterscheidung zwischen Schlagwort- und Stichwortsuche)	Ca. 300 Treffer	Ca. 150 Treffer Ca. 700 Treffer (Stichwortsuche)	Ca. 100 Treffer Ca. 250 Treffer	0 Treffer (Eine Suche mit Schlagwortkombination ist nicht möglich)	0 Treffer (Eine Suche mit Schlagwortkombination ist nicht möglich)

Unibibliothek der Universität Freiburg www.uni-freiburg.de	7 Treffer	8 Treffer	2 Treffer	0 Treffer	0 Treffer
www.google.de Stichwortsuche bzw. „Erweiterte Suche“	ca. 5.000.000 Treffer (z.T. ohne jeden Zusammenhang mit dem Thema)	ca. 100.000 Treffer	90.000 Treffer	3 Treffer (Stichwort: casablanca+film +kritik ergibt 1000 Treffer)	533 Treffer
www.google.de Suche im „Verzeichnis“ Unter Kultur/Film / Suchbegriff	2 Treffer	10 Treffer	4 Treffer	0 Treffer	2 Treffer
www.google.de Suche unter „Bilder“	20.000 Treffer	4.000 Treffer	3.500 Treffer	0 Treffer	100 (sinnlose Treffer)
www.google.de Suche nach der Filmmusik unter:	Filmmusik casablanca ca. 100 Treffer	Filmmusik casablanca steiner: 18 Treffer	-	-	-

Aufgabe 4: Beispiele für Ordnerbezeichnungen
Quellenverzeichnis/www.Stadtbibliothek/Stichwort: Casablanca
Quellenverzeichnis/www.Stadtbibliothek/Schlagwort: casablanca ....

Literatur/www.ubka.uni-karlsruhe.de/kvk.html/Stichwort: casablanca
Literatur/www.ubka.uni-karlsruhe.de/kvk.html/Schlagwort: casablanca
Literatur/www.ubka.uni-karlsruhe.de/kvk.html/Stichwort: bogart humphrey....

Literatur/www.uni-..../Stichwort:.....

Literatur/www.google.de/Verzeichnis/Kultur/Film/casablanca...

Aufgabe 5: Literaturprotokoll
a) Monografien
[1] Faulstich, Werner: Modelle der Filmanalyse, München 1977 (UB Freiburg)
[2] Harmetz, Aljean: Verhaften Sie die üblichen Verdächtigen: wie Casablanca gemacht wurde, Berlin 2001 (UB Freiburg)
[3] MacCarty, Clifford: Humphrey Bogart und seine Filme, München 1981 (UB Freiburg)

b) Internetadressem
[100] www.cosmopolis.ch/cosmo12/casablanca.htm
[101] www.cyberkino.de/entertainment/kino/104/104083.html

Übungen zur Meinungsumfrage

Seite 33

Aufgabe 1: Analyse des Sprachstils und der Fragetechnik
- Der Verfasser dieser Umfrage benutzt einen auf die jugendliche Zielgruppe ausgerichteten Slang (*„Zocker“, „Session“, „Progs“, „Clan-Kumpels“, „Nö“, „Orga“*).
- Es werden, bewusst oder unbewusst, Begriffe verwendet, die auch in der rechten Szene geläufig sind (*„Jungenz“, „Mädelz“, „Zockerz“*).
- Auf Rechtschreibung und Kommasetzung wird wenig Sorgfalt verwendet.

Dieser Sprachstil soll die Akzeptanz der Umfrage bei den Teilnehmern einer LAN-Party erleichtern. Dieser Sprachstil wirkt auf der einen Seite bei Gleichgesinnten anbiedernd und auf der anderen Seite ausgrenzend, da für Außenstehende unverständliche Begriffe verwendet werden. Es ist von vornherein klar, wer die Umfrage durchführt (ein Mitglied der „*Zockerz*") und wie das Ergebnis der Umfrage aussehen soll.

Inhaltliche Analyse

- Treffliche Belege der manipulativen Absichten des Autors sind am Anfang und am Ende der Umfrage zu erkennen: *„Bitte füllt diesen Bogen wahrheitsgemäß aus (ansonsten könnte das ein schlechtes Licht auf uns Zocker werfen)." „Danke, ihr helft mir und dem Ansehen der Zockerz."*
- Im Fragebogen werden unsachliche und unnötige Nebenbemerkungen formuliert: *„[ ] weiblich (wäre schön, wenn da ein paar da wären)"*
- Bei der Frage nach dem Alter wird der Antwortstil geändert, indem keine Antwortalternativen angeboten, sondern konkrete Zahlenangaben erwartet werden. Vorgegebene Antwortalternativen in Form von Altersklassen würden dagegen einen einheitlichen Antwortstil ermöglichen und Ergebnisse zusammenfassen.
- Die Antwortalternativen sind manchmal zu fein gegliedert:
  „[ ] Hauptschule [ ] mittlere Reife [ ] Fachabitur [ ] allgemeines Abitur"
  Warum wird zwischen Fachabitur und allgemeinem Abitur differenziert?
  Bei Umfragen, die selbst durchgeführt werden, ist die Zahl der Befragten relativ klein. Um trotzdem aussagekräftige Ergebnisse zu erhalten und eine Vereinzelung der Antworten zu vermeiden, sollten daher nur wenige Antwortalternativen vorgegeben werden.
- Es werden befremdliche Antwortalternativen angeboten: *„ich lieber mit meinen Clan-Kumpels zock als alleine", „ich lieber hierher geh, als mich zu besaufen"*. Ist die Alternative zur LAN-Party tatsächlich ein Besäufnis?
- Der Befragte hat keine Möglichkeit, eigene Antworten bzw. Begründungen zu formulieren.

Zusammenfassend kann festgestellt werden, dass der Autor massiv seine Pflicht zur Neutralität verletzt. Die Antwortalternativen sind z.T. einengend und manipulierend formuliert.

Aufgabe 2: Auswertung des Fragebogens

- In einer Übersicht soll die Zahl, das Alter, das Geschlecht, der Bildungsstand der Befragten und der Zeitraum der Umfrage erfasst werden.
- Es fehlt die exakte Auflistung der Umfrageergebnisse. Nur wenn diese aufgezeigt werden, darf vom Autor der Versuch einer verallgemeinernden Auswertung vorgenommen werden.
- Eine differenzierte Auswertung des Fragebogens, wie durch die Antwortalternativen vorgegeben, z.B. nach männlich/weiblich, Bildungsabschluss usw., ist bei dieser Auswertung nicht erfolgt.
- Es fehlt der Hinweis, dass die Umfrage den Repräsentativkriterien nicht genügt.
- Die Auswertung des Fragebogens erfolgt über verschiedene Kapitel der Arbeit verteilt. Sie sollte jedoch direkt nach der Darstellung der Ergebnisse durchgeführt werden.
- Die Darstellung der Ergebnisse erfolgt in einem Kreisdiagramm. Die Zahl der Befragten bzw. ein prozentualer Anteil der einzelnen Felder ist nicht angegeben. Die farbliche Differenzierung bei der Darstellung der verschiedenen Felder ist nicht durchgängig gegeben. Die Begriffe „soziale Gründe" oder „Probleme verdrängen" werden nicht näher erläutert. Es ist vollkommen unklar, wie die im Fragebogen formulierten Antwortalternativen den in der Auswertung genannten Gebieten zugeordnet werden.
- Das zusammenfassende Ergebnis der Umfrage ist, dass vor allem soziale Gründe für den Besuch einer LAN-Party verantwortlich sind.
  Diese Aussage kann so deutlich aus den Ergebnissen nicht gefolgert werden.

Aufgabe 3: Zusammenfassung der wichtigsten Punkte

- Objektivität ist unabdingbare Voraussetzung.
- Das eigene Interesse an der Arbeit soll klargelegt werden.
- Die Fragen müssen ergebnisoffen gestellt werden.
- Die Zahl, das Alter, das Geschlecht, der Bildungsstand der Befragten und der Zeitraum der Umfrage sollen in einer Tabelle erfasst werden.
- Es sollen auf dem Fragebogen nur Punkte erfasst werden, die auch ausgewertet werden können.
- Falls Probleme durch eine missverständliche Fragestellung eine Auswertung erschweren, müssen diese diskutiert werden.
- Es sollen nur wenige Antwortalternativen vorgegeben werden, da es bei einer kleinen Anzahl der Befragten nicht sinnvoll ist, die wenigen Antworten auf viele Alternativen zu verteilen.
- Der Befragte soll z.B. durch eine Leerzeile die Möglichkeit zur eigenen Meinungsäußerung erhalten.
- Die Umfrageergebnisse werden in einer Übersicht zusammengestellt. Auf Basis dieser Übersicht kann anschließend eine Auswertung versucht werden.
- Es ist auf eine gelungene Visualisierung der Ergebnisse zu achten.

5 Präsentation

Sie stehen im Internationalen Kongresszentrum der Bundeshauptstadt, haben zwei Mikrofone vor sich, Ihr Gesicht wird über eine überdimensionale Projektionsfläche an die rückwärtige Wand projiziert. Alle 3500 Zuhörer, die gespannt Ihren überzeugenden Ausführungen lauschen, sind von Ihrer ausdrucksstarken Körpersprache und Ihrem souveränen Umgang mit den eingesetzten Medien beeindruckt. Der frenetische Beifall am Ende Ihres Vortrags ist Ihnen gewiss. Zweifelsohne: Auch hierbei handelt es sich um eine Präsentation. Auftritte im Rahmen der gymnasialen Ausbildung werden sich jedoch in der Regel vergleichsweise unspektakulär abspielen. Aber egal, ob eine Präsentation in einem hochmodernen Kongresssaal vor Hunderten von ausgewiesenen Fachleuten stattfindet oder in einem Klassenzimmer vor lediglich zehn Schülern: Die ablaufenden Kommunikationsprozesse sind immer dieselben. Sobald ein Mensch vor eine Gruppe tritt und das Wort ergreift, präsentiert er sich und seine Inhalte. Doch was genau passiert in diesem Moment? Die folgende Grafik verdeutlicht den Prozess.

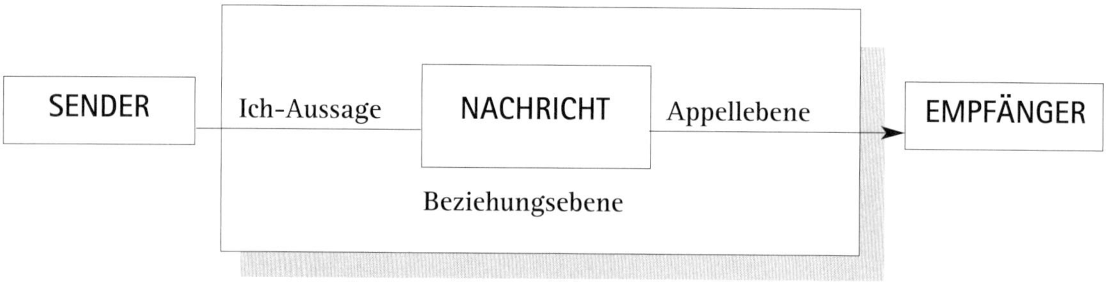

Nach: Friedemann Schulz von Thun, Miteinander reden. Stile, Werte und Persönlichkeitsentwicklung, Bd. 2, Reinbek 1993, S. 14

Ein Sender, also der Präsentierende, übermittelt eine Nachricht an einen Empfänger, also den Zuhörer. So einfach, wie es sich anhört, ist der Sachverhalt aber nicht. Ob er es will oder nicht, bewusst oder unbewusst, der Sender spricht mit vier verschiedenen Mündern, gleichzeitig hört der Empfänger mit vier verschiedenen Ohren. Konkret bedeutet dies, dass bei einer Präsentation nicht allein die Sache vermittelt wird, also zum Beispiel die Gründe des Ersten Weltkriegs, sondern der Vortragende sagt automatisch etwas über sich. „Ich fühle mich hier wohl", könnte eine seiner Botschaften sein. Zugleich äußert er auch etwas über sein Verhältnis zu seinen Zuhörern, etwa: „Sie sind ein aufmerksames Publikum." Schließlich appelliert er auch an sein Auditorium: „Bitte hören Sie mir zu, dann lernen Sie etwas", wäre eine mögliche Bitte. In diesem Kommunikationsprozess entfaltet sich sowohl die verbale als auch die nonverbale Sprache. Ferner sind auch die dargebotenen Präsentationsmedien Teil des vielschichtigen Vermittlungsgeschehens zwischen Sender und Empfänger. Ob der Adressat tatsächlich alles so versteht wie der Sender es beabsichtigt, steht auf einem ganz anderen Blatt: Ob er lediglich den Sachverhalt zur Kenntnis nimmt, ihn als Appell versteht, ob er auf die Selbstaussage des Senders reagiert oder auf den Beziehungsaspekt anspricht, liegt allein beim Empfänger. Für die Wirkung, die ein Präsentator erzielt, ist aber gerade die Rezeption des einzelnen Zuhörers im Publikum von ausschlaggebender Bedeutung.

Missverständnisse sind also vorprogrammiert. Dieses Dilemma, in dem jeder Vortragende steckt, gilt es bei der Ausarbeitung einer Präsentation stets zu bedenken. Konzentrierte Vorbereitung, fachliche Kompetenz, genaue Teilnehmeranalyse und eine präzise Redezielformulierung sind dabei die entscheidenden Stichpunkte. Gänzlich auszuräumen ist das Dilemma jedoch nicht.

Um einem Vorurteil, das häufig gegen Präsentationen im Schulalltag vorgebracht wird, von vornherein entgegenzutreten, sei an dieser Stelle ausdrücklich darauf hingewiesen, dass es bei der Vermittlung von Präsentationstechniken nicht darum geht, Überredungskünstler oder gar Demagogen auszubilden. Kommunikationskompetenz ist eine Schlüsselqualifikation, die hilft, die Anforderungen der modernen Arbeitswelt erfolgreich zu meistern – nicht mehr, aber auch nicht weniger.

Jeder noch so kleine Auftritt ist ein ideales Übungsgebiet. In der schulischen Ausbildung kommt es darauf an, den Schülern möglichst viele solcher Trainingsanlässe zu verschaffen, denn nur durch stetiges Üben kann eine gewisse Routine auf diesem Feld erworben werden. Zudem bietet allein Training dem Kursteilnehmer die Chance herauszufinden, welche Präsentationsformen zu seiner Persönlichkeit passen und welche er besser meidet.

Darüber hinaus stellen Übungsphasen für den unterrichtenden Lehrer eine Möglichkeit dar herauszufinden, ob bei seinen Schülern eventuell Ängste in Bezug auf Präsentationen vorhanden sind. Diese können dann mit einem entsprechenden Instrumentarium abgebaut werden (vgl. S. 30 ff.).
Ein weiteres zentrales Vermittlungsziel besteht darin, den Schülern deutlich zu machen, dass es auf das Wie ganz entscheidend ankommt. Erfahrungsgemäß schenken Jugendliche diesem Punkt oftmals nur wenig Aufmerksamkeit. Dementsprechend fallen die verschiedenen Präsentationsbausteine (Plakate, Folien etc.) dann aus. Neben der Erkenntnis über die Notwendigkeit einer sorgfältigen Vorbereitung ist in diesem Punkt ein effektives Zeitmanagement überaus hilfreich (vgl. S. 14 ff.). Etwa die Hälfte der zur Verfügung stehenden Zeit sollte für die Ausgestaltung einer Präsentation verwendet werden.

5.1 Praktische Rhetorik

Die rhetorischen Übungen sind so konzipiert, dass sie nicht auf Fachinhalte bezogen werden, sondern sich überwiegend auf der Nonsensebene bewegen. Diese Grundsatzentscheidung basiert auf folgenden Überlegungen: Schüler, die im normalen Fachunterricht eher schwächere Leistungen erbringen, werden nicht von vornherein demotiviert. Sie können hier sozusagen von Neuem starten und ihr im Laufe der Zeit zusammengetragenes Bündel an Hemmungen und Verunsicherungen zurücklassen. Zudem bietet diese Herangehensweise einen hohen Spaßfaktor. Dies ist wichtig, da viele Menschen auf den Begriff Rhetorik mit Verkrampfung, Scham oder Angst reagieren. Lachen hingegen aktiviert positive Energien im Körper und löst dadurch Spannungen. Verstärkt wird diese Wirkung noch, wenn der Trainer beim Feedback durch lobende Bemerkungen den Schülern Anerkennung zollt und sie dadurch stärkt.
Um einen nachhaltigen Erfolg zu haben, ist es notwendig, die Schüler immer wieder darauf hinzuweisen, dass sie die Übungen stetig wiederholen sollen. Wurden sie einmal angeleitet, sind sie jederzeit in der Lage, ihre Fähigkeiten individuell zu verfeinern und jene Bereiche zu trainieren, die ihnen ganz speziell Schwierigkeiten machen. Positiv auf den Lernerfolg wirkt sich auch aus, wenn die Lehrkraft die einzelnen Übungen vormacht. Dabei sollte durchaus auch die negative Wirkung falscher Varianten anschaulich gemacht werden. Die Erinnerung wird hierdurch an ein konkretes Bild gekoppelt und im Gehirn leichter verankert, denn was der Lernende sieht und hört, behält er zu 70%.
Im Verlauf des Curriculums stehen die Jugendlichen wiederholt vor der Aufgabe, spontan zu einem vorgegebenen Thema einen Redebeitrag zu formulieren. Hinter diesem methodischen Zugriff verbirgt sich die Erfahrung, dass ein selbstgewähltes Thema immer unter dem Aspekt der inhaltlichen Sicherheit gewählt wird; die Überraschung führt dagegen zu einer Konzentration auf die redetechnischen Aspekte, und um die geht es schließlich bei allen Übungen.
Ziel des Kapitels ist es, dass die Schüler am Ende des Rhetorikkurses in der Lage sind, frei zu sprechen. Allein eine Stichwortunterlage, nicht aber ein fertig vorformulierter Redetext wird als zulässiges Hilfsmittel betrachtet.

Auflockerung

Die Übungen des Schülerbandes haben ihren Ursprung in der Theaterpädagogik. Sie sind aber bestens geeignet, um grundsätzliche Hemmungen vor Präsentationsanlässen abzubauen. Ferner dienen sie dem Aufbau von Vertrauen in die Lerngruppe. Auch wenn sich die Teilnehmerinnen und Teilnehmer eines Seminarkurses kennen, darf dieser Aspekt nicht unterschätzt werden, da oftmals unterschwellig existierende Ressentiments bestehen, die die Arbeit behindern können. Um dies zu verhindern, sind die einzelnen Aufgaben so konzipiert, dass in der Auflockerungsphase möglichst alle Personen miteinander in Kontakt kommen.
In der ersten Unterrichtsstunde sollte diesen Übungen genügend Zeit eingeräumt werden, denn ein verpatzter Start ist nur schwer wieder wettzumachen. Etwa 20 bis 25 Minuten sind angemessen. In den anschließenden Sequenzen reicht dann eine kürzere Zeit.

> Weitere Beispiele finden sich in: Wolfgang Mettenberger, Tatort Theater. Kleiner Leitfaden für „Schauspieler“, Offenbach 1983

Tipp

Seite 39

Körper und Raum

Bei erstmaliger Durchführung empfiehlt es sich, dass die Lehrkraft als Impulsgeber fungiert. Sie kündigt dabei nach dem akustischen Signal an, welche Haltung eingenommen werden soll. Die einzelnen Abschnitte können so besser koordiniert werden, und alle Schülerinnen und Schüler machen zeitgleich dieselbe Übung. Als geeignete Klanggeber haben sich Tischgongs und Klangschalen erwiesen. Ergänzend kann die Aufgabe gestellt werden, Grimassen zu schneiden.

Seite 39

Partnerpantomime

Alternativübungen können jederzeit mit einbezogen werden. Eine solche stellt beispielsweise das Zuwerfen von Medizinbällen oder das gemeinsame Anheben einer schweren Kiste dar.

Seite 39

Vertrauen haben

Eine Variante besteht darin, dass die Partner nur losen Kontakt haben. Sie berühren sich lediglich bei herunterhängenden Armen mit der Außenseite der kleinen Finger.

Seite 39

Begrüßung einmal anders

Geschickt ist es, die Sätze auf Kärtchen zu schreiben und die Schüler jeweils eines ziehen zu lassen. Auf diese Weise ist der Überraschungseffekt größer als wenn die Lerngruppe sich die Sätze selbst aussucht.

Feedback

Feedback-Prozesse sind ein sehr sensibler Bereich, an den Schüler ganz vorsichtig herangeführt werden müssen. Unter allen Umständen sind persönliche Verletzungen zu vermeiden, denn ansonsten wird sich der Kursteilnehmer kaum für weitere rhetorische Übungen öffnen. Lehrkräften sind oft – offene oder im Verborgenen schwelende – Konflikte zwischen einzelnen Jugendlichen unbekannt. Auch aus diesem Grund ist es ratsam, das Feedback in der vorgestellten Weise durchzuführen. Das stark ritualisierte Verfahren verhindert es, dass die Aussprache über die Präsentation Einzelner als Schauplatz für private Auseinandersetzungen missbraucht wird. Zudem hat ein solchermaßen durchgeführtes Feedback durchaus auch erzieherischen Wert, da gesellschaftsrelevantes Kommunikationsverhalten eingeübt werden kann.

Zum Begriff Ich-Botschaft

Ich-Botschaften sagen aus, was der Sender in Bezug auf das Verhalten eines anderen fühlt, oder wie es ihn berührt. Der Sender übernimmt also die volle Verantwortung für das, was er sagt.

Beispiele: Es stört mich, wenn es zieht. (Statt: Mach das Fenster zu.)
Ich bin da anderer Meinung. (Statt: Du hast unrecht.)

Ich-Botschaften fördern die Bereitschaft sich zu ändern, da sie nicht aggressiv sind und den Gesprächspartner nicht negativ bewerten. Somit verletzen sie auch nicht.

Redetechnik

Bei der Durchführung der folgenden Übungen ist eine vorsichtige Vorgehensweise unabdingbar, denn die Schulung redetechnischer Kompetenzen ist unweigerlich damit verbunden, dass auch die Persönlichkeit des Schülers mit auf dem Prüfstand steht. Die Kenntnis der Feedback-Regeln bietet eine sichere Grundlage dafür, Verletzungen und daraus resultierende Blockaden zu vermeiden.

Artikulation und Lautstärke

Seite 41

Den Mund öffnen

Durch die Partnerarbeit in der ersten Aufgabe werden sofort alle Kursmitglieder in das Übungsgeschehen einbezogen. Ziel dabei ist es, die oftmals in Verbindung mit dem Begriff „Rhetorik" existierenden Ängste von vornherein zu minimieren. Die Schüler werden die Beobachtung machen, dass ihr Gegenüber beim Sprechen, insbesondere der Vokale, den Mund nur wenig öffnet.

Eine weitere Erkenntnis könnte darin bestehen, dass sie undeutlich artikulieren, was vor allem darauf zurückzuführen ist, dass einzelne Silben oder Konsonanten verschluckt werden. Haben die Kursmitglieder dies erkannt, können sie selbstständig an der Beseitigung des Defizits weiterarbeiten.

Den Mund öffnen und laut sprechen

Seite 42

Auch bei dieser Aufgabe steht zunächst die Artikulation im Vordergrund. Nur bei klarer und deutlicher Aussprache ist der Sinn der sprachlich entstellten Texte erfassbar. So kann der Lerngruppe die große Bedeutung einer guten Intonation erfahrbar gemacht werden. Die Erweiterung der Aufgabe durch die Darbietung der Texte im Freien bietet die Gelegenheit, das Thema „Lautstärke“ anzusprechen. Der größere räumliche Abstand erfordert ein lautes Sprechen. Dabei sollen die Schüler nicht brüllen, sondern sich klarmachen, dass die angemessene Lautstärke ein wichtiger Aspekt der publikumsorientierten Präsentation ist.

Geschwindigkeit und Pausen

Schnellsprechsätze

Seite 42

Indem die Übung durch eine Stillarbeitsphase eingeleitet wird, hat jeder Kursteilnehmer die Möglichkeit, sich der individuellen Ausspracheprobleme bewusst zu werden. Sie treten dann auf, wenn sich der Mund nach dem ersten Artikulieren verschließt oder blockiert. Ein schnelles Weitersprechen ist in diesem Fall praktisch nicht mehr möglich. Nach einer ausreichenden Übungszeit tragen die Schülerinnen und Schüler die Sätze im Plenum vor. Durch die Durchführung im Freien lässt sich die Wirkung der Übung erhöhen, da ein lauteres Artikulieren notwendig ist. Haben die Lernenden zusätzlich noch einen Korken im Mund, was die Aussprache erschwert, erfahren sie eine weitere Steigerung, die es ihnen ermöglicht, ihre Mundbewegungen sorgfältig zu überprüfen.

Mach mal Pause

Seite 43

Im Text werden alle wichtigen Aspekte angesprochen, die den Einsatz von Pausen in einem Vortrag sinnvoll machen. Bei der Auswertung der Aufgaben sollte darauf eingegangen werden, dass es kein Patentrezept für die Pausensetzung gibt. Vielmehr ist die Auswahl der gesetzten Unterbrechungen stark von der Persönlichkeit des Vortragenden und seines Redestils anhängig. Das Hauptaugenmerk sollte in der Besprechung auf die individuelle Optimierung von Redegeschwindigkeit und Pauseneinsatz gelegt werden.

Ausdruckskraft und Modulation

Zahlenkolonnen

Seite 43

Die Übung setzt bei der Überlegung an, dass den Schülern der Zugang zum Thema anhand von inhaltslosen Zahlenreihen leichter fällt als mit komplexen Textinhalten. Sie konzentrieren sich allein auf die zu vermittelnde Haltung und ihre Stimme. Ziel dieses Unterrichtsabschnittes ist es, die Lerngruppe für die Bedeutung der eigenen Einstellung zu bestimmten Sachverhalten oder Gruppen zu sensibilisieren. Zugleich verfeinern sie in diesem Zusammenhang ihre Stimmbildung. Durch die Reaktion der Zuhörer, die die entsprechende innere Haltung erkennen sollen, erhalten die Jugendlichen ein Feedback zu ihrem Vortrag.

Was denkt die Maus?

Seite 44

Die beiden Aufgaben knüpfen an die vorige an, stellen jedoch eine Steigerung dar, da sie von der Lerngruppe fordern, jetzt einen geschlossenen Text zu präsentieren. Zudem müssen die Jugendlichen die dem Gedicht eingeschriebenen Haltungen und Perspektiven selbstständig erfassen. Im Rahmen dieses Prozesses sollten beispielsweise die Variation von Frage und Antwort in den ersten drei Strophen sowie der Perspektivenwechsel am Beginn des vierten Abschnitts klar herausgestellt werden. Besondere Aufmerksamkeit verdient aber vor allem das allmählich sich steigernde Selbstbewusstsein der Maus, das durch rhetorische Mittel stimmlich und gestisch zu gestalten ist.

Lebendigkeit und Anschaulichkeit

Seite 44

Die Kunst des Vergleichens

Diese Übung dient dazu, dass sich die Kursmitglieder darin üben, in Bildern zu sprechen, was die nachhaltige Wirkung eines Vortrags erhöht. Erfahrungsgemäß assoziiert eine Mehrzahl der Schüler dieselben Begriffe, was der Lerngruppe den verbindlichen Charakter bestimmter Bilder verdeutlicht.

Seite 45

Lebendiger Lexikonartikel

Die Aufgabe vertieft die vorhergehende. Die zuvor geübte Lebendigkeit des Ausdrucks wird nun ergänzt durch den Aspekt der Anschaulichkeit. Zudem stehen jetzt nicht mehr einzelne isolierte Sätze im Zentrum, sondern Schüler transformieren einen zusammenhängenden Lexikonartikel, der auf einer rein sachlichen Ebene formuliert ist, in eine lebendig vorgetragene Rede.

Das richtige Wort finden

Alle Begriffe, die hier zur Wortschatzerweiterung beziehungsweise zur Verfeinerung des Sprachgefühls verwendet werden, haben im weitesten Sinn mit dem Arbeitsprozess in einem Seminarkurs zu tun.

Seite 46

Synonympakete

Paket 1: 1, 14, 40	Paket 2: 11, 24, 36	Paket 3: 3, 21, 34	Paket 4: 7, 23, 30
Paket 5: 4, 25, 38	Paket 6: 9, 17, 42	Paket 7: 5, 15, 16	Paket 8: 13, 31, 44
Paket 9: 18, 27, 32	Paket 10: 6, 39, 45	Paket 11: 8, 10, 41	Paket 12: 20, 29, 37
Paket 13: 19, 28, 43	Paket 14: 2, 26, 35	Paket 15: 12, 22, 33	

Seite 46

Antonyme

1. 1D; 2C; 3A; 4E; 5B
2. schriftlich/mündlich; motiviert/lustlos; anschaulich/bildlos; manipulativ/offen; gemeinschaftlich/eigenständig; helfen/allein lassen; Einleitung/Fazit

Seite 47

Ausreißer

1: c, 2: b, 3: e, 4: a, 5: d, 6: b, 7: c, 8: c, 9: a, 10: e

Relationen

1: c ➤ Die Visualisierung richtet sich an das Auge; Sprechen richtet sich an das Gehör.
2: b ➤ Die Fragestellung steht am Anfang einer Arbeit in der Einleitung; mit dem Ohröffner wird der Redeanfang gestaltet.

Seite 47

Wortfragmente

1. a: Maske, b: Kamin, c: Masse, d: Ruin
2. Minus, nur, Sein, Russe, Russin, Nase, Marke, Sau, Rasse, Kuss, Ass, Kur, Raum, Narr, nass, Nuss, Manier, Manie, Rune, Kirmes, Markus, Kurie, Ranke, Mure, Armin, Riss, kauen, Mensur, Kreis, Krise, Unke, Krume, rein, Rain, Sims, Ikarus, mies, murren

Recherchesalat

Seite 48

C	F	T	H	Z	U	W	H	A	K	R	I	C	B	R	G	M	R
D	W	Z	F	O	F	Z	N	T	D	K	A	Z	N	T	S	L	O
F	G	J	A	F	D	R	V	F	N	R	S	K	F	B	Z	B	W
B	N	L	V	S	U	B	I	T	O	L	E	A	U	L	H	I	A
O	M	E	T	A	X	D	S	F	M	T	S	S	Z	S	G	B	F
H	M	K	A	T	A	L	O	G	L	S	U	L	S	I	R	L	Y
V	S	D	W	J	H	F	R	R	A	W	F	R	G	E	G	I	C
Y	A	V	F	F	W	H	W	C	W	B	I	Z	G	H	E	O	V
Z	D	R	S	F	M	V	T	W	P	A	N	A	T	G	B	T	B
G	U	N	C	H	M	G	T	D	F	S	T	S	R	B	Y	H	N
O	L	T	V	H	L	P	S	S	M	B	E	H	N	C	D	E	G
O	Q	K	H	K	I	W	U	H	Z	F	R	G	B	S	O	K	D
G	D	S	E	L	J	V	L	H	S	N	N	W	B	W	F	B	N
L	X	Z	O	W	P	B	O	D	Q	T	E	N	R	P	U	S	T
E	A	A	U	S	L	E	I	H	E	T	T	E	A	I	G	K	L
I	W	B	H	D	Y	S	G	R	X	D	G	S	L	P	B	D	S
P	J	R	A	C	T	Z	S	U	C	H	B	E	G	R	I	F	F
K	H	E	F	X	J	F	W	V	H	S	Z	W	D	A	V	R	W

Diese Übung dient ebenfalls der Sprachschulung, da hier wichtige Fachbegriffe thematisiert werden. Zudem verstärkt sie den nachhaltigen Wissenserwerb, weil auf Begriffe zurückgegriffen wird, die in Kapitel 3 des Schülerbandes erarbeitet worden sind.

Körpersprache

Das Kapitel legt den Schwerpunkt auf die Beschäftigung mit dem Blickkontakt. Dieser Teilaspekt der Körpersprache ist von grundlegender Bedeutung, da er am deutlichsten die innere Haltung und das Verhältnis zur Zuhörerschaft zeigt. Die vier Übungen folgen dem Prinzip der Steigerung: Zunächst machen die Schüler sich die richtige Körperhaltung klar. Anschließend agieren sie körpersprachlich ohne Stimmeinsatz. In der letzten Übung vereinen die Kursmitglieder schließlich die nonverbale mit der verbalen Ausdrucksweise.

Werbesprüche

Seite 49

Die Lerngruppe macht sich auf spielerische Weise die große Bedeutung des Blickkontaktes klar. Zudem erhöht die Übergabe des Rederechts durch Blickkontakt die Aufmerksamkeit der Schüler.

Richtig stehen

Seite 49

Eine einfache Alternative zur Übung im Schülerband stellt die folgende dar: Sie stellen sich so vor eine Wand, dass Ihr Rücken seiner ganzen Länge nach flach an sie gelehnt ist. Die Fersen sollten ebenfalls Kontakt zur Wand haben. Gehen Sie jetzt, ohne die Körperhaltung zu verändern, drei Schritte nach vorne. Nun haben Sie ebenfalls eine sehr gute Position eingenommen.

Der Körper spricht

Seite 50

Die Abbildung zeigt eine Rednerin, die ihrem Publikum mit unverhohlener, angsteinflößender Aggression gegenüber tritt. Durch die pantomimische Darstellung verschiedener Haltungen beschreiten die Schüler den Weg von der stimmlichen zur körpersprachlichen Äußerung. In der anschließenden Diskussion kontrastieren sie die positive Beeinflussung des Publikums durch Begeisterung und Souveränität mit der negativen Wirkung der anderen Beispiele. Durch die Arbeit am eigenen körpersprachlichen Ausdruck können die Kursteilnehmer im Idealfall so weit kommen, dass ein Vergleich zwischen ihrer anfänglich demonstrierten Körperrhetorik und dem Endergebnis den Eindruck entstehen lässt, es spreche ein ganz anderer Mensch. Diesen Erfahrungswert sollten Sie Ihrem Kurs unbedingt mitgeben, da oft die Meinung vorherrscht, „ich bin halt so, da kann ich nichts dran ändern."

Der Körper und die Stimme äußern sich

Seite 51

Grilitsch

Diese Übung schließt die Beschäftigung mit der Körpersprache ab. Die Schüler wenden ihre bislang erworbenen Kenntnisse in der Praxis an. Beim Vergleich der einzelnen Varianten im Plenum erkennen sie, dass die Wirkung eines Textes je nach stimmlicher und körpersprachlicher Ausdrucksweise völlig differieren kann. Um den Grad der Unterschiedlichkeit zu erhöhen, können der Lerngruppe verschiedene Stimmungen bzw. Haltungen vorgegeben werden, die sie dann – ohne dass die anderen informiert sind – durch den Vortrag vermitteln sollen. Die folgenden Haltungen sind denkbar: demütig, arrogant, schelmisch, ahnungslos, verliebt, wütend, euphorisch, traurig, nervös, verächtlich.

Seite 51

Drudel

Der wichtigste Nutzeffekt dieser Übung besteht darin, dass die Schüler lernen, ein Visualisierungsmedium in ihren Vortrag einzubauen. Dies stellt eine weitere Steigerung zu den vorherigen Übungsbausteinen dar. Indem sie ihre Geschichte frei erzählen, trainieren sie, verbale und nonverbale Botschaften wirkungsvoller einzusetzen und aufeinander abzustimmen. Wenn ein Schüler auf den Drudel unten rechts Bezug nimmt und sagt: „Damals, als ich gerade das Haus verlassen wollte, sprangen alle Knöpfe von meiner Jacke", sollte er auf das entsprechende Bild zeigen, so dass die Zuschauer wissen, dass in der Geschichte die auf dem Boden liegenden Jackenknöpfe unten rechts abgebildet sind. Darüber hinaus werden die Schüler vor die Herausforderung gestellt, ihren Standort so zu wählen, dass sie zwar mit dem Medium arbeiten können, gleichzeitig aber keinem Zuschauer die Sicht auf das Visualisierungsprodukt verstellen.
Die Schüler sollen nicht nach einer vermeintlich richtigen Deutung der Drudel suchen, denn jeder erkennt in ihnen etwas anderes. Der Drudel oben links ist für den einen eine schlecht gepflasterte Straße, für den anderen ein Teil eines Giraffenhalses und für den dritten ein Schal. Vielmehr kommt es darauf an, die Drudel in ihrer Gesamtheit auf sich wirken zu lassen und der eigenen Vorstellungskraft freien Lauf zu geben. Eine Deutung im übertragenden Sinn ist ebenfalls zulässig. Bei dem Drudel in der Mitte unten könnte dies heißen: Im Leben der Schauspielerin Amalia Bühnenbild lief nicht immer alles nach Plan.

Redeaufbau

Redeziel

Erfahrungsgemäß vernachlässigen Schüler am Beginn des Präsentationsunterrichts den Faktor „Redeziel". Sie sind zunächst so sehr mit sich selbst beschäftigt, dass dieser Punkt allenfalls eine untergeordnete Rolle spielt. Deshalb sollten die unterrichtenden Lehrer hier immer wieder nachhaken und die Bedeutung einer klaren Zielformulierung für eine erfolgreiche Rede hervorheben. Rücksichtnahme auf das Publikum heißt in diesem Fall, den Zuhörern deutlich zu machen, dass die investierte Zeit nicht verschenkt ist. Zudem gewinnen sie sofort eine Orientierung. Aber auch der Vortragende selbst zieht Vorteile aus einem eindeutig bestimmten Redeziel. Es verhindert, dass das zentrale Thema aus den Augen verloren wird und der Redner möglicherweise an einer Stelle herauskommt, an die er gar nicht wollte. Derart vorbereitet geht er außerdem ökonomisch mit seinen Energiereserven um, da ein eventuelles Abdriften beziehungsweise das Zurückfinden zum eigentlichen Anliegen immer auch mit einem zusätzlichen Kraftaufwand verbunden ist.

Redestruktur

Seite 53

Ein Ohr öffnen

Mit dieser Übung rückt die Strukturierung einer Rede ins Zentrum des Unterrichts. Dabei sollen auch die bei den vorausgehenden Übungen erworbenen Kenntnisse über die Bedeutung der inneren Einstellung sowie die Wirkung einer lebendigen, bildhaften Sprache verfeinert und weiterentwickelt werden. Die Beispiele tragen bewusst absurde Züge, da so tendenziell schwächere Schüler motiviert werden können. Sie müssen nicht befürchten, auf der Ebene fundierten Wissens mit anderen zu konkurrieren. Die Lerngruppe macht sich klar, dass ein unerwarteter, überraschender oder persönlicher Beginn eines Vortrags, der bei der Zuhörerschaft Bilder oder Erinnerungen evoziert, die Aufmerksamkeit der Adressaten deutlich erhöht.

Die Einleitung zu einem Vortrag vor dem örtlichen Hundeverein könnte folgendermaßen formuliert sein: „Viele von Ihnen kennen die Situation: Sie kommen abends nach Hause, Sie freuen sich auf Ihren vierbeinigen Freund, er empfängt Sie mit freudigem Gebell, springt an Ihnen hoch – doch, was schlägt Ihnen entgegen? *(Kunstpause)* – Grässlicher Mundgeruch. – *(Kunstpause)* Ein Problem, das uns alle bedrückt, und heute möchte ich Ihnen Lösungsmöglichkeiten aufzeigen."

Weitere Themen, um eine gelungene Eröffnung zu üben:

1. Kunstrasen im Wohnzimmer
2. Nur zu zweit in die Badewanne
3. Drittes Auge am Hinterkopf
4. Hintergrundmusik im Mathematikunterricht
5. Rollbänder zwischen den Klassenzimmern
6. Autos aus Vollgummi
7. Pelzgefütterte Badewannen
8. Sturzhelmpflicht für Kamikazeflieger

Tunnelfahrt

Seite 54

Die Schüler werden sich für die zweite Variante entscheiden, da diese die Zuhörerschaft direkt anspricht. Bei der Formulierung „man" bleibt der Adressat anonym. Zudem wirkt sie pauschalisierend, wodurch die gedankliche Schärfe verloren geht. Ein wichtiges Lernziel besteht bei dieser Übung darin, der Lerngruppe zu verdeutlichen, dass sie sich stets vor Augen führen muss, dass sie immer vor konkreten Menschen präsentiert, die angesprochen werden wollen. Denn: Mit „man" sind immer nur die Menschen angesprochen, die nicht im Raum sind.

Aufmerksamkeitsanker

Seite 54

Die Lösung lautet folgendermaßen:

Thema	Aufmerksamkeitswecker	Qualifizierung
Wasserkraft in den Alpen	Jeder Teilnehmer erhält ein Glas Wasser	Aktive Einbeziehung des Publikums
Sportliche Großveranstaltungen als Phänomen der Moderne	„Als ich neulich ins vollbesetzte Gottlieb Daimler Stadion kam, hatte ich das Gefühl, dass..."	Herstellung eines persönlichen Bezugs
Moderner Antisemitismus	„Kennen Sie eine jüdische Familie, die Angehörige im Holocaust verloren hat?"	Aktivierung der Teilnehmer durch Fragen
Die Rolle der ehrenamtlichen Tätigkeit in der Spaßgesellschaft	„Wer von uns ist nicht gerne von allen gut angesehen?"	Rhetorische Frage
Telekommunikation in der Moderne	Telefonapparat	Demonstration von konkretem Anschauungsmaterial
Der Maulwurf – ein Freund des Menschen?	Die Teilnehmer fassen einen ausgestopften Maulwurf an	Aktive Einbeziehung des Publikums
Verkehrswege in den Alpen	„Wer von uns wäre nicht gerne dabei gewesen, als die Pioniere des Tunnelbaus diesen Durchbruch schafften."	Rhetorische Frage
Moderne Kühlsysteme	Die Teilnehmer riechen an einer Ammoniakflasche	Aktive Einbeziehung des Publikums
Die Malerei der Moderne	„Wie soll das Bild aussehen, das Sie in Ihrem Wohnzimmer aufhängen möchten?"	Aktivierung der Teilnehmer durch Fragen
Graf Zeppelin – eine typische Biografie der Moderne?	Präsentation von Zeitzeugen	Einbau von Ungewöhnlichem

Bei der Wahl des geeigneten Aufmerksamkeitsankers ist natürlich die Größe des Auditoriums zu berücksichtigen. Das Berühren eines ausgestopften Tieres beispielsweise wird in einem Hörsaal mit mehreren Hundert Zuhörern nicht mehr möglich sein. Wenn Teilnehmer durch Fragen in das Präsentationsgeschehen einbezogen werden sollen, dann dürfen auf keinen Fall solche gestellt werden, bei denen dem Publikum Wissen abverlangt wird oder auf deren Beantwortung der Redner angewiesen ist. Gefragt werden sollte eher nach Einschätzungen, Befindlichkeiten oder Vorschlägen.
Die Lernpsychologie unterscheidet zwischen vier unterschiedlichen Lerntypen, die es bei der aktiven Einbeziehung des Publikums zu berücksichtigen gilt. Der *intellektuelle* Typ lernt vor allem über abstrakte Erläuterungen, während der *visuelle* in erster Linie durch Sehen und Beobachten zu Erkenntnissen gelangt. Menschen, die zum *auditiven* Typus gehören, verstehen Sachverhalte am besten durch Sprechen und Hören. Der *haptische* Typ schließlich begreift zuerst über das Fühlen. Bei einem Vortrag sollten deshalb alle Kategorien angesprochen werden, da sonst ein Teil der Zuhörer das Interesse an den Ausführungen verliert.
Die menschliche Wahrnehmung spielt auch noch in anderer Hinsicht eine bedeutende Rolle für den Vortragenden. Einen Teil der Informationen nehmen wir nicht über die Augen oder das Gehör auf, sondern die anderen Sinnesorgane liefern ebenfalls wichtige Nachrichten. Deshalb soll das Publikum, wenn es aktiv einbezogen werden wird, durchaus riechen, schmecken und fühlen.

Seite 55

Stichwortspiel

Das Spiel stellt eine Steigerung zur vorangegangenen Übung dar, da jetzt alle Komponenten einer Rede verlangt werden. Am Ende des Rhetoriktrainings sind die Schüler jetzt auch dafür gerüstet, die Nonsensebene zu verlassen. In den Stegreifreden rekapitulieren und reflektieren sie Begriffe, die im Zusammenhang mit dem gesamten Seminarkurs stehen und vertiefen sie auf diese Weise.

Seite 56

Eigene Rede formulieren

Neben allen anderen Aspekten eines Vortrags kann bei dieser Aufgabe dem gezielt formulierten Schlusssatz besondere Aufmerksamkeit geschenkt werden. Da die Schülerinnen und Schüler dadurch, dass sie eine Rede zu einem selbstgewählten Thema ausgearbeitet haben, in der Lage sind, übergreifende und sinnhaltige Sachzusammenhänge zu formulieren, kommt hier auch der argumentativ gestaltete Hauptteil eines Vortrags prägnanter zur Geltung als bei den vorherigen Übungen bzw. den Stegreifreden. In diesem Zusammenhang können den Schülern weitere bewährte Vortragsschemata vorgestellt werden:

1. Dialektik: These — Antithese
   → Synthese

2. Logische Kette: Sachverhalt 1 → Sachverhalt 2 → usw. → Ergebnis

3. Hermeneutisches Verfahren:
   Einführung → Theorie → Experiment → Ergebnis → Interpretation → Deutung

Ängste erkennen, Ängste lösen

Nimmt man die Bildungspläne bzw. -standards der einzelnen Bundesländer zur Hand, so stellt man fest, dass Präsentationen integrale Bestandteile der Unterrichtscurricula sind. Bisweilen gehören sie sogar zum festen Kanon der Prüfungsanforderungen. Dennoch – oder gerade deshalb – empfinden viele Schülerinnen und Schüler bei dem Gedanken, vor einem Publikum Arbeitsergebnisse zu präsentieren, große Angst. Als Unterrichtende müssen Sie diese Ängste ernst nehmen, denn sie können den Lernerfolg Ihrer Gruppe massiv beeinträchtigen. Die folgenden Überlegungen verstehen sich als ein Angebot für den Fall, dass Sie in Ihrem Unterrichtsalltag mit diesem Problem konfrontiert werden. Mag der Vorschlag auch auf den ersten Blick etwas befremdlich wirken, seine Wirksamkeit ist in der Praxis erprobt.

Angst entspringt dem Unbewussten. Deshalb entzieht sich diese Emotion dem Zugriff durch den Verstand. Aber Ängste sind auch irgendwann im Verlauf einer Biografie erlernt worden, denn niemand fühlt von Geburt an vor einer bestimmten Situation Angst. Die große Chance besteht nun darin, dass das, was erlernbar ist, auch wieder verlernt werden kann. Bevor Sie sich dieser Aufgabe stellen, müssen Sie jedoch zunächst herausfinden, ob und wenn ja in welchem Maße Ihre Schüler unter Präsentationsangst leiden. Dies gelingt Ihnen mit der folgenden Übung, indem Sie alle Ihre Kursteilnehmer ihre individuelle Markierung vornehmen lassen.

Zusatzübung: Selbsteinschätzung

5	4	3	2	1	0	1	2	3	4	5
Behagen										Angst

Wenn die Markierung in der linken Hälfte der Skala liegt, hat der Schüler – bezogen auf eine Präsentation – mit dem Phänomen Angst nicht zu kämpfen. Wird jedoch ein Sektor auf der rechten Skalenhälfte ausgewählt, so hat der Betreffende eine mehr oder weniger stark ausgeprägte Angst vor der Vorstellung, eine Präsentation durchführen zu müssen. Angesichts der hohen Bedeutung, die rhetorische Kompetenzen im schulischen Bereich inzwischen gewonnen haben, ist davon auszugehen, dass die entsprechenden Schüler unter ihrer Angst leiden. Aus diesem Kontext heraus ergibt sich folgende Grundannahme: Jeder Schüler, der unter Präsentationsangst leidet, möchte diese abbauen. Doch wie wird er sie los?
Um Ängste zu überwinden, muss sich der Betroffene erst einmal darüber klar werden, worin sie gründen. Die Frage, was ihn so sicher sein lässt, dass er beispielsweise kein hervorragender Präsentator ist, führt ihn dabei auf die richtige Spur. Derartige Überzeugungen schränken ihn nämlich ein und sind letztendlich für seine Ängste verantwortlich. Der nachstehende Fragebogen ist den Schülerinnen und Schüler behilflich bei der Suche nach jenen Überzeugungen, die sie einschränken:

Zusatzübung: Suche nach einschränkenden Überzeugungen
Beantworten Sie die folgenden Fragen.

Welche Überzeugungen habe ich (dar)über:

1. den Ort der Präsentation?
   Es könnte beispielsweise der Fall sein, dass Ihnen bestimmte Räumlichkeiten (Größe, Form, Lichtverhältnisse etc.) nicht behagen.

2. die konkrete Präsentationssituation?
   Dies kann sich auf Ihre Position z.B. hinter einem Rednerpult oder aber auf unzuverlässige Präsentationsmedien und -mittel beziehen.

3. die Menschen im Publikum?
   Möglicherweise fällt es Ihnen leichter, vor Menschen aufzutreten, die Sie kennen beziehungsweise nicht kennen. Vielleicht ist es für Sie aber auch einfacher, vor Mitschülern zu präsentieren als vor Eltern und Lehrern. Es ist auch denkbar, dass Sie die anstehende Beurteilung ängstigt oder irritiert.

4. die Größe des Publikums?
   Vielleicht haben Sie mit der Anzahl der Zuhörer in Ihrem Kurs keine Probleme, aber ab 50 Personen bekommen Sie ein mulmiges Gefühl.

5. meine bisherigen Leistungen als Präsentator?
   Möglicherweise haben Sie die Befürchtung, den roten Faden zu verlieren oder zu vergessen, wie Sie Ihre Rede eröffnen wollten.

6. was mir möglich ist, was nicht?
   Vervollständigen Sie einige Sätze, die beginnen mit: „Ich kann nicht...", „Ich muss...", „Ich darf nicht...".

7. wer ich wirklich bin vor einem Publikum?
   Vielleicht befürchten Sie, dass das Publikum zuviel von Ihrer Persönlichkeit erfährt.

8. die Bewertung von Präsentationen?
   Möglicherweise befürchten Sie eine schlechte Benotung oder ein negatives Feedback. Vielleicht stellt die Benotung bisherige Hierarchien zu Ihrem Nachteil auf den Kopf?

9. die beurteilenden Personen?
   Vielleicht schätzen Sie die bewertende Person und befürchten vor ihr zu versagen, oder rechnen Sie mit einer unfairen Behandlung/Benotung?

Der Fragebogen wurde erstellt in Anlehnung an: Tad James und David Shephard, Die Magie gekonnter Präsentation, Paderborn 2002, S. 107 f.

Haben die Kursmitglieder den Fragebogen ausgefüllt, wertet ihn die Lehrkraft zusammen mit den Schülern im Einzelgespräch aus. Wenn die jeweiligen Schüler zu dem Ergebnis kommen, dass es mehrere Faktoren sind, die bei ihnen Angst auslösen, so müssen sie feststellen, welcher sie am meisten beeinträchtigt. Diese Überzeugung ist es nämlich, die sie in besonderem Maße einschränkt. Um diese Einstellung zu überwinden, ist es wichtig, dass die Lernenden sie zunächst akzeptieren und zwar nach dem Motto: „In Ordnung, es gibt nichts zu beschönigen, so war es bislang, wenn ich präsentiert habe. Ich habe diese Überzeugung und es gab Gründe dafür, dass ich sie hatte." Wenn die Schüler die Tatsache anerkannt haben, verfügen sie über die notwendige Voraussetzung, um die bestehende Situation zu verändern.
Angst hat ihre Ursache - wie gesehen - in einem Geschehen in der Vergangenheit, und es liegt in der Natur des Menschen, seine Ängste auf die Zukunft zu projizieren, wenn er vor ähnlichen Ereignissen steht oder an solche denkt. Erinnerung spielt somit eine wesentliche Rolle. Durch die gedankliche Rückkehr zu jenem Ereignis, das die Angst ausgelöst hat, ist es möglich, etwas gegen dieses Gefühl zu unternehmen.

Zusatzübung: Zeitreise

1. Gehen Sie in Gedanken auf einem imaginären Zeitstrahl zurück zu jenem Ereignis, das Ihre Ängste ausgelöst hat.

2. Denken Sie an die entscheidende Situation.

3. Fragen Sie sich jetzt: „Wo war meine Angst fünfzehn Minuten vor dem Ereignis?"

4. Machen Sie sich alle Erkenntnisse, die Sie durch das Erlebnis gewonnen haben, klar. Rufen Sie sich all Ihr inzwischen hinzugewonnenes Wissen über den gegebenen Sachverhalt und alles, was damit zusammenhängt, in Ihr Gedächtnis.

Selbstverständlich gab es eine Viertelstunde vor der entscheidenden Situation noch keine Angst, sie entbehrte ja der Grundlage. Von diesem Punkt des Zeitstrahls aus betrachtet ist die Erinnerung eine andere. Dadurch, dass in Gedanken der Blickwinkel auf das Geschehnis geändert wird, verändert sich auch die Reaktion darauf. Der Hauptgrund dafür liegt in der Tatsache, dass der einzelne Mensch im Lauf seines Lebens immer mehr Wissen in seinem Gehirn speichert. Wenn er sich nun alle Rückschlüsse und Kenntnisse, die er aus dem betreffenden Ereignis gezogen hat, bewusst macht, verschwindet die Angst. Anders ausgedrückt: Durch die Aktivierung aller inzwischen gewonnenen Verständnismöglichkeiten und zur Verfügung stehenden Wissenskapazitäten wandelt sich die Erinnerung an das Ereignis, und der Betreffende verändert die Überzeugung, die ihn zunächst einschränkte.

5.2 Visualisierung

Als methodischer Zugriff für die Erarbeitung von Visualisierungskompetenzen wird hier eine *Lernspirale* vorgeschlagen (vgl. hierzu: Heinz Klippert, Eigenverantwortliches Arbeiten und Lernen, Weinheim [2]2001, S. 64ff.). Dieses Verfahren folgt dem Prinzip des eigenverantwortlichen Arbeitens und Lernens der Schüler (EVA). Ihren didaktischen Schwerpunkt legt die Lernspirale auf die Problem- und Produktorientierung. Die zugrundeliegende Idee geht von der Vorstellung aus, dass die Lernenden sich wie ein Spiralbohrer in die Materie hineinbohren. Hierzu benötigen sie verschiedene Materialien, die sie mithilfe unterschiedlicher Lernaktivitäten bearbeiten.
Um das Ziel eines nachhaltigen Kompetenzerwerbs zu erreichen, schafft die Lernspirale drei Prozessfelder, die das komplexe Thema Visualisierung in Teilbereiche untergliedert: Der *Sensibilisierung* für den Gegenstand, bei der auch Vorwissen der Lerngruppe aktiviert und reflektiert werden kann, folgt eine umfangreiche *Informationsphase*. Am Ende steht ein Abschnitt, in dem die Kursmitglieder einen *Transfer* leisten, der das neu erworbene Wissen festigt.
Diese drei Prozessfelder werden wiederum in kleine Einheiten – sogenannte Arbeitsinseln (A1 bis A 12) – zerlegt. Hierbei wird auf Methodenvielfalt Wert gelegt, so dass die Lernenden auf variantenreiche Art und Weise dazu angeregt werden, sich mit der Thematik aktiv und produktiv auseinanderzusetzen. Im Verlauf der Spirale entwickelt sich ein mehrphasiger Arbeitsprozess, der Schülern unterschiedliche Schlüsselqualifikationen vermittelt. Zumeist beginnt er mit einer Einzelarbeit, die in eine Phase der Partner- oder Gruppentätigkeit übergeht. Abgerundet wird jeder Abschnitt mit einer Auswertung und Besprechung der jeweiligen Ergebnisse im Plenum. In diesem gestuften Arbeitsprozess erweitern die Kursmitglieder durch die Auseinandersetzung mit anderen Teilnehmern auch ihre kommunikativen und sozialen sowie teamspezifischen Kompetenzen. Zudem eröffnet das relativ langsame Tempo die Gelegenheit, Klärungs- und Gärungsprozesse sich entwickeln zu lassen und abzuschließen.
Die Seminarkursteilnehmer durchlaufen die im Schülerband vorgeschlagenen Arbeitsinseln, nehmen dabei Informationen auf, strukturieren und verarbeiten sie. Indem sie verschiedene Entscheidungen zu treffen haben und dabei begründete Urteile fällen müssen, übernehmen sie Verantwortung. Schließlich üben sie sich im Präsentieren. Wiederholungen sind dabei geradezu intendiert, weil die Lernenden hierdurch zur sinnvollen Rekapitulierung, Überprüfung und Festigung des Stoffes veranlasst werden. Vorbereitet werden die einzelnen Arbeitsinseln vom Seminarkursleiter. Danach tritt er als Moderator auf, der den zeitlichen Ablauf organisiert und koordiniert. Seiner Gruppe steht er allenfalls beratend zur Seite. Ansonsten hält er sich zurück und überträgt den Schülern weitgehend die Verantwortung für ihren Lernprozess. Ergänzt werden kann das Konzept durch gezielte Lehrerinformationen – etwa über Mindeststandards oder Bewertungsrichtlinien – sowie durch Unterrichtsgespräche.
Etwa drei bis vier Unterrichtsstunden beträgt der zeitliche Aufwand, um die Lernspirale komplett zu durchlaufen, wobei die Gesamtgruppengröße einen ausschlaggebenden Faktor darstellt. Für die Sensibilisierungsphase sollten nicht mehr als 15 bis 20 Minuten angesetzt werden. Die Informationsphase bedarf dagegen eines deutlich höheren zeitlichen Umfangs, der etwa mit 90 bis 120 Minuten angegeben werden kann. Dies gilt insbesondere für den Fall, dass die einzelnen Inseln im Gruppenpuzzle erarbeitet werden. Erfahrungsgemäß reichen für den abschließenden Transfer etwa 30 bis 40 Minuten.
Die im Schülerband abgedruckten Arbeitsarrangements sind nicht so zu verstehen, dass sie zwingend bearbeitet werden müssen. Sie stellen lediglich eine Möglichkeit dar, das Thema anzugehen. Im Folgenden finden Sie zusätzlich weitere Arbeitsinseln, die als gleichwertige Alternativen anzusehen sind. Sie können jederzeit durch eigene Ideen ergänzt werden. Die folgende Zusammenstellung gibt einen Überblick über die verschiedenen Arbeitsinseln, die im Rahmen der Lernspirale vorgeschlagen werden. Mit **Fettdruck** markiert sind die Inseln, die im Schülerband enthalten sind. Dort wurde auf die genaue Benennung der einzelnen Arbeitsinseln verzichtet, um die Lernenden nicht durch eine diskontinuierliche Zählweise zu verunsichern.

Lernspirale zum Thema „Visualisierung"

Sensibilisierungsphase

A 1: Suchspiel

A 2: Visualisieren eines Textes

A 3: Zeichnen nach Vortrag

A 4: Besprechen eines „bildlosen" Textes

A 5: Verfassen einer Definition des Begriffs „Visualisierungskompetenz"

Informationsphase

A 6: Formulieren von sechs Tipps zur guten Visualisierung

A 7: Gruppenpuzzle mit Erstellung und Präsentation eines Tafelbildes zu verschiedenen Präsentationsmedien und -mitteln

A 8: Notieren von Hinweisen zu bestimmten Präsentationsmitteln (Mind-Map, Plakat, Tafelbild, Bilder...)

A 9: Notieren von Hinweisen zu bestimmten Präsentationsmedien (Flip-Chart, Tageslichtprojektor, Moderationswand, Tafel...)

A 10: Entwerfen eines Arbeitsblatts zur Visualisierung

Transferphase

A 11: Bewerten vorgelegter Visualisierungsprodukte

A 12: Erstellen eines Lernplakats zum Thema „Visualisierung"

Seite 58-60

Suchspiel (A 1)

Diese Aufgabe eignet sich für die Sensibilisierung der Lerngruppe in besonderem Maße, weil sie deutlich vor Augen führt, wie wichtig die Umsetzung von Worten in Bilder ist. Die Schüler, die Darstellung 1 bearbeiten, erledigen den Arbeitsauftrag am schnellsten, da sie die gesuchte Symbolkombination direkt vor Augen haben. Aufgabe 2 gibt eine Mischung aus bildlicher und schriftlicher Form wieder. Diese Verbindung fordert die Übertragung des geschriebenen Wortes in ein Bild, was die Identifizierung der entsprechenden Stelle im Schaubild verzögert. Die ausschließlich textgebundene Variante 3 verlangsamt den Erkennungsprozess noch stärker, da sie keinen bildlichen Anhaltspunkt bietet und der Betrachter gezwungen ist, die Visualisierung selbstständig vorzunehmen. Es bietet sich an, die Aufgaben in arbeitsteiliger Einzelbeschäftigung durchzuführen: Jeder Schüler befasst sich mit seiner Variante und hebt die Hand, sobald er die Lösung gefunden hat. Durch dieses Verfahren wird sofort optisch deutlich, dass die Personen am schnellsten waren, die sich mit Darstellung 1 auseinandergesetzt haben. Die Aufgaben 3 und 4 erweitern den Diskussionsrahmen und in der inhaltlichen Auseinandersetzung mit anderen Kursteilnehmern reflektieren die Schüler ihre Erkenntnisse.

Visualisieren eines Textes (A 2)

Seite 61

Durch die Aufforderung, eine Visualisierung zu erstellen, aktiviert die Aufgabe einerseits vorhandenes Wissen der Schüler, andererseits erhalten diese erste Sachinformationen über ein wichtiges Präsentationsinstrument. Diese Arbeitsinsel markiert damit die Scharnierstelle zwischen der Sensibilisierungs- und der Informationsphase. Wird als Einstieg eine der Varianten A 3 bis A 5 ausgesucht, so ist es deshalb angebracht, diesen Arbeitsauftrag gegebenenfalls nach der gewählten Option einzufügen. Eine Auswertung der entstandenen Visualisierungsvorschläge erfolgt in dieser frühen Phase nicht. Vielmehr sollen die Schüler ihre eigenen Vorstellungen reflektieren und als Ergebnis des Prozesses ihre Tipps notieren. Geschickt ist es, der Lerngruppe vorbereitete Blätter zur Verfügung zu stellen, die die Lehrkraft zusätzlich mit versteckten Symbolen (Buchstaben, Zahlen) versehen kann, die den Schülern zunächst verborgen bleiben. Über diese Verfahren lassen sich nach dem Zufallsprinzip Teams bilden, die in den weiteren Windungen der Spirale zusammenarbeiten. Der hier vorgeschlagene methodische Zugriff (vgl. Aufgabe 3 und 4) wird *Kugellager* genannt. Er stellt eine Form des Gruppenlernens dar und schafft die dafür notwendigen Kommunikationsvoraussetzungen. Diese Technik erleichtert es, Hemmungen ab- und Vertrauen aufzubauen.

A 3 – A 5 (nicht im Schülerband enthalten)

Die Sensibilisierungsphase kann auch über andere Tests beziehungsweise Aufgaben durchgeführt werden. Entscheidend für die Auswahl der Übungen sollte einerseits der Informationsstand der Lerngruppe, andererseits die zur Verfügung stehende Zeit sein.

Zu A 3

1. *Ziehen Sie eine ca. 8 cm lange Linie parallel zum unteren Blattende.*
2. *Zeichnen Sie jeweils an den beiden Endpunkten einen senkrechten ca. 2 cm langen Strich nach oben.*
3. *Verbinden Sie die beiden oberen Eckpunkte durch eine Linie.*
4. *Zeichnen Sie von der Mitte der gezeichneten Verbindungslinie einen 3 cm langen senkrechten Strich.*
5. *Ziehen Sie vom gewonnenen Endpunkt eine ca. 4 cm lange Linie nach links und eine ca. 2 cm lange nach rechts.*
6. *Zeichnen Sie vom linken Endpunkt eine 4 cm lange Linie nach oben.*
7. *Verbinden Sie die beiden Endpunkte miteinander.*
8. *Zeichnen Sie vom oberen Endpunkt eine 2 cm lange Linie nach oben und dann von dort eine ca. 3 cm lange nach rechts.*
9. *Ziehen Sie von beiden Eckpunkten eine 2 cm lange Linie nach oben.*
10. *Verbinden Sie die beiden oberen Eckpunkte.*
11. *Ziehen Sie vom rechten oberen Eckpunkt eine ca. 7 cm lange Linie nach rechts und von dort eine ca. 3 cm lange nach oben.*
12. *Zeichnen Sie von hier im rechten Winkel einen ca. 3 cm langen Strich nach links und – wieder im rechten Winkel – einen ca. 3 cm langen Strich nach unten.*
13. *Peilen Sie die Mitte der oberen Verbindungslinie an und gehen Sie – ohne zu zeichnen – 2 cm nach oben und setzen Sie dort einen Punkt.*
14. *Ziehen Sie von diesem Punkt in einem 45° Winkel je eine Verbindungslinie zum rechten und linken unteren Eckpunkt.*

Diktieren Sie Ihrem Kurs diese Sätze in einem normalen Sprechtempo ohne Wiederholung, so als wenn die Schüler einer Vorlesung beiwohnen würden. Alle Kursteilnehmer haben ein DIN A 4-Blatt senkrecht vor sich liegen. Sie haben die Aufgabe, während des Vortrags eine entsprechende Skizze anzufertigen.

Erfahrungsgemäß wird die Mehrzahl der Jugendlichen nicht in der Lage sein, den Auftrag adäquat auszuführen. Es entstehen vielmehr unterschiedliche Skizzen, da das menschliche Gehirn nur sehr schwer derart abstrakten mündlichen Ausführungen folgen kann. Die Auswertung erfolgt im Plenum und sensibilisiert die Lerngruppe auf einfache Weise für die Notwendigkeit einer visualisierten Darstellungsform.

Die Lösung sieht folgendermaßen aus:

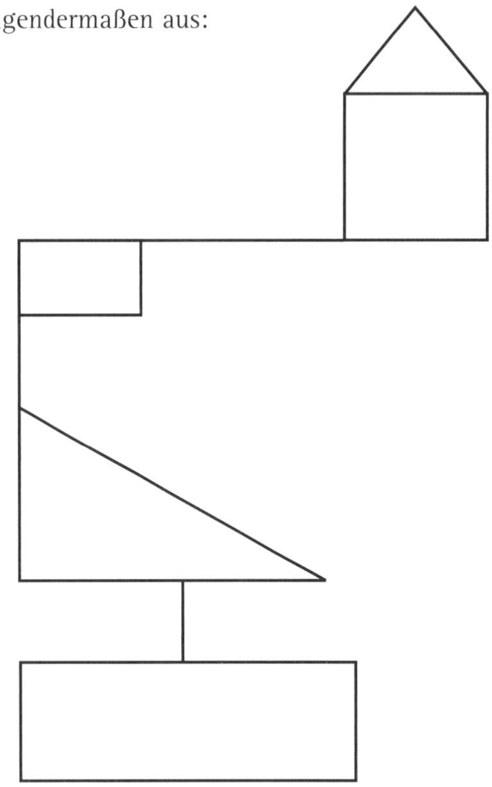

Zu A 4

Eine etwas gehobene Bauweise kam an der Fichtestraße zur Ausführung. Hier wurden seit 1925 vier je 59 Meter lange, 9,75 Meter tiefe zweigeschossige Baublöcke mit zusammen 39 Wohnungen erbaut. Diese 33 Einfamilienhäuser enthalten 24 Dreizimmerwohnungen von je 93 Quadratmetern, 4 Fünfzimmerwohnungen von 126 Quadratmetern und 4 Sechszimmerwohnungen von 134 Quadratmetern Grundfläche, außerdem 6 Dreizimmerwohnungen mit einer Größe von 90 Quadratmetern. Ein Eckhaus wurde als Arztwohnung mit 7 Zimmern, Küche, Bad und zwei Dachkammern von 192 Quadratmetern Grundfläche errichtet. Die Entfernung der Gebäudefluchten beträgt in der Fichtestraße 22 Meter, die Vorgartentiefe je 6,75 Meter, die Straßenbreite 8,5 Meter bei 5,5 Meter breitem Fahrdamm. Die Gärten sind 1,2 bis 1,5 Ar groß.

Die Bebauung am Englerplatz wurde zweigeschossig mit ausgebautem Mansardgeschoss gewählt, um diesen Platz architektonisch aus der Gesamtanlage herauszuheben.

Die zwei 1926-27 errichteten winkelförmigen Gebäudegruppen am Englerplatz enthalten zusammen 28 Wohnungen, davon 6 Zweizimmerwohnungen mit 55 Quadratmetern, 12 Dreizimmerwohnungen, mit 72 Quadratmetern, 8 Vierzimmerwohnungen mit rund 100 Quadratmetern und zwei Fünfzimmerwohnungen mit 107 Quadratmetern Grundfläche, ferner sechs Läden und zwar eine Bäckerei mit Backstube, eine Metzgerei mit Wurstküche, ein Kolonialwarengeschäft und je einen Laden für Molkereiprodukte, für Wollwaren und für Tabakwaren. Ebenfalls am Englerplatz, und zwar an den Ecken der Kleist- und der Arndtstraße, wurden 1927 zwei Gruppen von je 22 Metern Länge und 11 Metern Breite mit 2 Vollgeschoss und einem Mansardgeschoss errichtet. Diese enthalten 8 Dreizimmerwohnungen mit je 92 Quadratmetern Grundfläche und 4 Zweizimmerwohnungen im Mansardgeschoss von je 60 Quadratmetern Grundfläche. Ferner wurden im Jahr 1928 beiderseits der Schenkendorfstraße, zwischen Englerplatz und Schönbergstraße, zwei Hausgruppen von 23 Metern Länge und 11 Metern Breite erstellt, die sich in der Architektur der Randbebauung des Englerplatzes anschließen. Sie enthalten ebenfalls zwei Vollgeschosse und ein ausgebautes Mansardgeschoss mit acht Vierzimmerwohnungen, von denen sechs eine Grundfläche von 93 Quadratmetern und zwei eine Grundfläche von 101 Quadratmetern haben. Die vier Dreizimmerwohnungen im Mansardgeschoss haben eine Grundfläche von rund 72 Quadratmetern.

1. Lesen Sie den Text laut in Ihrer Lerngruppe.
2. Beschreiben Sie die Wirkung, die der Text auf Sie hat.

Auch über einen bilderlosen Text, der vor allem durch Längen- und Flächenmaße strukturiert ist, lassen sich die Kursteilnehmer für das Thema Visualisierung sensibilisieren. Bei der Lektüre werden sie sofort merken, dass es kaum möglich ist, den Inhalt schnell zu erfassen und nachhaltig zu verarbeiten. Um den Eindruck noch zu verstärken, empfiehlt es sich, den Text laut im Klassenzimmer zu lesen. Im anschließenden Unterrichtsgespräch entsteht unmittelbar ein Konsens darüber, dass eine optische Unterstützung der Ausführungen unabdingbar ist.

Zu A 5
Verfassen Sie eine Definition des Begriffs „Visualisierungskompetenz".

Diese Alternative bietet sich an, wenn die Lerngruppe bereits über Erfahrungen im Umgang mit Visualisierungstechniken verfügt oder insgesamt wenig Zeit zur Verfügung steht. Die Aufgabe verstrickt die Schülerinnen und Schüler in die Thematik, indem sie sie auffordert, vorhandenes Vorwissen schriftlich zu artikulieren. Gleichzeitig entsteht eine Folie, vor deren Hintergrund die Lehrkraft die einzelnen Arbeitsinseln der Lernspirale individuell an den Bedürfnissen der Schüler ausrichten kann.

Formulieren von sechs Tipps zur guten Visualisierung (A 6)

Seite 62

Diese Arbeitsinsel bietet den Schülern die erste Möglichkeit, sich im Präsentieren zu üben. Zuvor sind sie jedoch aufgefordert, ihre in A 2 notierten Tipps in einer Kleingruppe zu diskutieren und im Laufe dieses Kommunikationsprozesses eine Übereinkunft darüber zu erzielen, welche Vorschläge sie der Gesamtgruppe präsentieren wollen. Dadurch werden Visualisierungsmöglichkeiten von den einzelnen Teilnehmern wiederholt einer kritischen Reflexion unterzogen. Häufig ist zu beobachten, dass die Lernenden sich auf den Tageslichtprojektor und die zugehörigen Folien beschränken, obwohl die Aufgabenstellung durchaus auch die Berücksichtigung anderer Präsentationsmedien intendiert. Der Grund für dieses Vorgehen liegt zweifellos in dem zuvor bearbeiteten Text, der noch sehr präsent ist. Da weitere wichtige Medien im Verlauf der Lernspirale thematisiert werden, stellt diese anfängliche Beschränkung auf den Overheadprojektor jedoch keinen Nachteil dar.

Gruppenpuzzle (A 7)

Seite 62-65

Die Informationsphase folgt dem Prinzip, dass Visualisierungskompetenzen anhand von Materialien vermittelt werden, die sich mit dieser Thematik direkt befassen. Hierdurch wird erfahrungsgemäß die Nachhaltigkeit der Informationsverarbeitung gefördert, da sich die wenigsten Schüler bis zu diesem Zeitpunkt mit theoretischen Grundlagen einer bildlichen Darstellung beschäftigt haben. Dementsprechend enthalten die dem Gruppenpuzzle zugrunde liegenden Texte wichtige Informationen zum Umgang mit den jeweiligen Präsentationsmedien beziehungsweise -mitteln. Dem Kursleiter kommt bei dieser Form des teamorganisierten Wissenserwerbs die Rolle des Moderators zu. Insbesondere muss er den Zeitplan erstellen und darauf achten, dass er auch genau eingehalten wird. Ansonsten arbeiten die Schüler sehr selbstständig und verantwortungsvoll; sie sind aufeinander angewiesen, da sie sich die Lerninhalte gegenseitig vermitteln. Der Erfolg der Arbeit hängt also ganz entscheidend von den einzelnen Gruppenmitgliedern und ihrer Zusammenarbeit im Team ab. Es hat sich in der Praxis bewährt, die Informationen bzw. Aufgaben der Phasen 2 und 3 mit einer genauen Zeitvorgabe zu versehen und über Folie zu präsentieren, weil die Schüler dann ihren Arbeitsauftrag ständig vor Augen haben und sich die Zeit entsprechend selbstständig einteilen können. Die Gruppenneueinteilung vor der zweiten Phase erfolgt nach folgendem Schema:

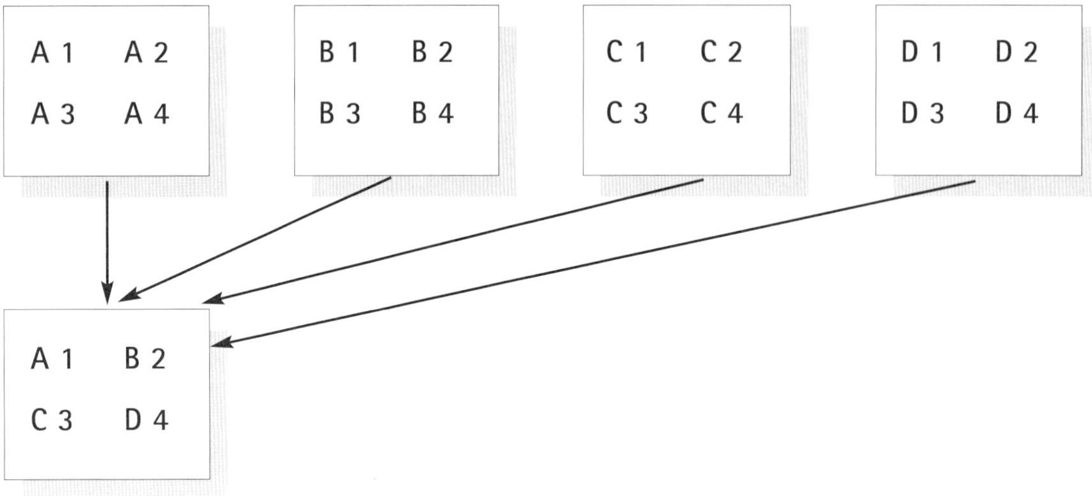

A 8/A 9 (nicht im Schülerband enthalten)

Statt in Form des Gruppenpuzzles (vgl. A 7) lassen sich die Informationen auch in einer traditionellen Art der Gruppenarbeit zusammentragen. Die einzelnen Teams erarbeiten dann jeweils anhand eines Textes ein Präsentationsmedium beziehungsweise -mittel und erstellen ein zugehöriges Merkblatt, das sie der Gesamtgruppe vorstellen.

Ergänzungstext zu A 9: Wenn Sie an Ihrer Schule häufig mit Diaprojektoren arbeiten, können Sie wahlweise auch den folgenden Text einsetzen.

Arbeiten mit dem Diaprojektor

Der Diaprojektor findet bei Präsentationen immer dann Anwendung, wenn eine größere Anzahl von Fotos gezeigt werden soll. Besonders geeignet ist er, wenn es sich um eine kleine Gruppe von Zuschauern handelt. Bei einem größeren Publikum muss ein sehr leistungsfähiges und damit auch teures Gerät zum Einsatz kommen.
Dias haben den enormen Vorteil, höchste Bildqualität und Farbtreue zu besitzen. Sie gewährleisten eine wirkungsvolle, vollfarbige Darstellung von vielerlei Motiven (Gebäuden, Naturerscheinungen etc.) Der herausragende optische Eindruck motiviert jedes Publikum und bringt Abwechslung in einen Vortrag. Die hohe Akzeptanz von Diasequenzen rührt übrigens auch daher, dass sie an die Sehgewohnheiten von Kino und Fernsehen anknüpfen. Eine besondere Wirkung wird dann erzielt, wenn die Bilderfolge mit Tonmedien gekoppelt ist.
Allerdings ist auch dieses Visualisierungsmedium nicht frei von Schwächen. Neben den technischen Tücken, die bekanntlich jedem mechanischen Gerät anhaften, ist vor allem auf die Notwendigkeit zur Verdunklung hinzuweisen. Der Präsentierende verschwindet aus dem Gesichtskreis der Anwesenden. Auf der anderen Seite ist aber auch der Vortragende nicht mehr in der Lage, die Reaktionen seiner Zuhörerschaft wahrzunehmen. Bisweilen kommt es auch vor, dass einzelne Personen im Zuschauerraum abschalten.
Dem dargestellten Problemkreis kann man jedoch sinnvoll entgegenwirken. Zunächst sollten die Kommentare sparsam und die Erläuterungen klar ausfallen. Der Redner darf sich bei seinen Ausführungen nur auf das gerade gezeigte Bild beziehen. Seine Zuhörer suchen vergeblich nach dem Sinn, wenn sie auf eine Abbildung schauen, die mit der momentanen Erklärung nichts zu tun hat. Sodann muss dem Publikum genügend Zeit gegeben werden, das zu betrachtende Bild auf sich wirken lassen zu können. Die Faustregel besagt: 20 Sekunden pro Dia sind angemessen.
Daraus ergibt sich auch schon die nächste Forderung. Dias sollten immer als geschlossene Sequenz im Rahmen einer Präsentation eingesetzt werden. Es ist schließlich unmöglich, zwischendurch das Licht anzumachen und einen begonnenen Gedankengang am Flipchart oder einem anderen Medium fortzuführen. Die Einschübe dürfen dabei nicht zu umfangreich sein, um den Kontakt zum Publikum nicht zu lange zu unterbrechen. Wenn viele Bilder gezeigt werden müssen, dann erweist es sich als geschickt, mehrere kleinere Diablöcke einzubauen.
Zum Schluss ein Tipp: Die vorbereiteten Lichtbilder sollten nummeriert und die obere Seite markiert sein. Das Magazin könnte ja kurz vor Beginn der Präsentation herunterfallen...

A 10 (nicht im Schülerband enthalten)

Auf der Basis der Texte von A 7 und der Gruppen aus A 8 entwerfen die Teams ein Arbeitsblatt zum Thema Visualisierung, das anschließend im Plenum diskutiert wird. Während die einzelnen Gruppen sich Gedanken über die Ideen der anderen Schüler machen und versuchen, Lösungen für die Aufgaben zu finden, vertiefen sie ihre Visualisierungskenntnisse.

Bewerten vorgelegter Visualisierungsprodukte (A 11)

Seite 66

Indem die Schüler gemeinsam die gelungenen und die verbesserungswürdigen Aspekte der vorgelegten Visualisierungsprodukte diskutieren, definieren sie Standards für eine gelungene Verbildlichung von Sachverhalten. Im Unterrichtsgespräch können diese dann zusammengetragen und auf einem Lernplakat oder einem Merkblatt fixiert werden.

A 12 (nicht im Schülerband enthalten)

Das Erstellen eines Plakates zum Thema Visualisierung bedeutet, dass die Lerngruppe einen Transfer leistet. Sie wird die zuvor erarbeiteten Informationen bündeln und zu Standards für eine gelungene Visualisierung aufbereiten. Bei der gegenseitigen Vorstellung der Ergebnisse überprüfen die Schüler die einzelnen Vorschläge und korrigieren sie notfalls, gleichzeitig üben sie sich in der Präsentationstechnik.

Alternativaufgaben

1. Erstellen Sie in Ihrer Kleingruppe ein Lernplakat zum Thema: „Visualisieren in der Präsentation".
2. Präsentieren Sie Ihr Ergebnis vor der Gesamtgruppe.
3. Diskutieren Sie in der Gesamtgruppe die Vor- und Nachteile der einzelnen Plakate.

Gestaltungsmittel in der Visualisierung

Behauptungen über Gestaltungsmittel in der Visualisierung

Seite 68

	+	-
Filzstifte sollte man beim Schreiben ständig drehen, damit die Spitze gleichmäßig verbraucht wird.		x
Ober- und Unterlängen sollten möglichst kurz gehalten werden, damit das schnelle Erfassen des Inhalts erleichtert wird.	x	
Bei Folienstiften sind die Strichstärken F und M ausreichend.	x	
Bei abgeschrägten Filzstiften sollte man immer mit einer Ecke schreiben, damit die Darstellung nicht verwischt wird.		x
Pinnadeln sind bestens geeignet, um Flip-Chart-Papier sauber abtrennen zu können.	x	
Auf die Verwendung von Krepppapier muss verzichtet werden, da sich die Klebereste nicht rückstandslos entfernen lassen.		x
Tesafilm ist für Präsentationen ungeeignet, da er die relativ schweren Plakatblätter nicht halten kann.	x	
Klebepunkte sind eine Bereicherung für eine Visualisierung, da sie sehr sauber wirken.	x	
Klebestifte dürfen niemals verwendet werden, da ihr Gebrauch das Publikum ablenkt.		x
Filzstifte haben eine breite, abgeschrägte Spitze, weil Schriftgröße und Schriftstärke bei einer Visualisierung wichtig sind.	x	
Üben ist das beste Verfahren, um im Gebrauch von Gestaltungsmitteln Sicherheit zu erlangen.	x	

Vor- und Nachteile von Präsentationsmedien

Grundsätzlich ist darauf hinzuweisen, dass es bei einer gelungenen Präsentation nicht darauf ankommt, in möglichst kurzer Zeit möglichst viele Medien einzusetzen. Entscheidend für die Wahl eines Gerätes sind neben der Persönlichkeit des Präsentierenden die Funktionalität des Einsatzes sowie die vorgegebenen Rahmenbedingungen. Die folgende Übersicht fasst die wesentlichen Stärken und Schwächen der einzelnen Präsentationsmedien zusammen.

VISUALISIERUNGSMEDIEN

+ VORTEILE

Tageslichtprojektor

- Einfache Herstellung und Handhabung von Folien
- Relativ einfache Technik
- Einsatz auch vor großem Publikum möglich
- Blickkontakt möglich
- Folien können vorbereitet werden
- Veränderbarkeit von Folien
- Integration von Bildern, Grafiken etc.
- Transportabel
- Wiederverwendung von vorbereiteten Folien
- Überraschungseffekte

Flipchart

- Einfache Handhabung
- Kein Strom notwendig
- Möglichkeit zur Entwicklung von Sinnzusammenhängen
- Blätter können vorbereitet werden
- Ergänzungen (fast) jederzeit und ohne Aufwand möglich
- Flexibler Einsatz möglich
- Bereits präsentierte Blätter können für alle sichtbar an die Wand geheftet werden.
- Transportabel
- Wiederverwendung von vorbereiteten Folien

Moderationswand

- Einfache Handhabung
- Kein Strom notwendig
- Möglichkeit zur Entwicklung von Sinnzusammenhängen
- Kärtchen, Plakate etc. können vorbereitet werden
- Ergänzungen jederzeit und ohne Aufwand möglich
- Transportabel
- Wiederverwendung von vorbereiteten Materialien möglich
- Überraschungseffekte

Tafel/Whiteboard

- Einfache Handhabung
- Kein Strom notwendig
- Möglichkeit zur Entwicklung von Sinnzusammenhängen
- Veränderbarkeit des Tafelanschriebs

Computer/Beamer

- Hoher Grad an Anschaulichkeit
- Viele Effekte möglich
- Möglichkeit zur Entwicklung von Sinnzusammenhängen
- Ergänzungen jederzeit und ohne Aufwand möglich
- Wiederverwendung von vorbereiteten Dateien möglich
- Überraschungseffekte
- Integration von Bildern, Grafiken, Filmausschnitten, Hörbeispielen etc.
- Vorbereitung problemlos möglich

NACHTEILE –

Tageslichtprojektor

- Ergänzungen nur bedingt möglich
- Stromanschluss notwendig
- Projektionsfläche notwendig
- Nur eine Folie und nur für die Dauer der Projektion sichtbar
- Tücken der Technik

Flipchart

- Verlust des Blickkontakts beim Schreiben
- Übung notwendig (Schrift)
- Begrenzte Teilnehmerzahl (20-30 Personen), da Lesbarkeit begrenzt
- Bilder und Grafiken nur bedingt darstellbar (Größe)
- Keine Überraschungseffekte möglich

Moderationswand

- Verlust des Blickkontakts beim Anheften
- Übung notwendig (Schrift)
- Begrenzte Teilnehmerzahl (20-30 Personen), da Lesbarkeit begrenzt
- Relativ hoher Materialaufwand (Kärtchen, Nadeln...)

Tafel/Whiteboard

- Verlust des Blickkontakts beim Anschreiben
- Übung notwendig (Schrift)
- Begrenzte Teilnehmerzahl (20-30 Personen), da Lesbarkeit begrenzt
- Keine Vorbereitung möglich
- Wenig Flexibilität
- Bilder und Grafiken nur bedingt darstellbar (Größe)
- Nicht transportabel
- Keine Überraschungseffekte möglich
- Keine Wiederverwendung

Computer/Beamer

- Tücken der Technik
- Technisches Wissen notwendig
- Gefahr von Effekthascherei
- Hohe Anschaffungskosten

6 Die schriftliche Seminarkursarbeit

Hinweise zur Organisation des Lernzirkels

Ein Lernzirkel hat zum Ziel, ein Thema praxis- und schülerorientiert aufbereitet in verschiedenen Lernstationen zu behandeln. Voraussetzung ist, dass alle diese Stationen farblich markiert und räumlich getrennt ausgelegt werden. Wir empfehlen, die Aufgaben in doppelter Ausfertigung zur Verfügung zu stellen, kopiert in der entsprechenden Farbe und laminiert, damit bis zu zwei Gruppen an derselben Station arbeiten können. Die Reihenfolge der Bearbeitung ist dabei nicht verbindlich. Vielmehr sind Flexibilität und Rücksichtnahme angesagt – wichtige Aspekte sozialer Kompetenz –, wenn die Materialien einer Station einmal von anderen besetzt sein sollten.
Ziel und Ablauf einer für sie durchaus ungewöhnlichen, ja sogar anstrengenden Arbeitsform sollten den Schülerinnen und Schülern zuvor deutlich gemacht werden. Wir geben dazu ein Informationsblatt an die Schülerinnen und Schüler aus (siehe Muster 1, S. 42). Die Teilnehmer durchlaufen und bearbeiten alle Stationen dieses Lernzirkels gemäß den Arbeitsaufträgen im Team und profitieren dabei vom viel zitierten Synergieeffekt: Vorwissen, Ideen, Leistungsbereitschaft und Kreativität der Gruppenmitglieder bringen schnellere, vielfältigere und umfassendere Ergebnisse als Einzelarbeit der Schülerinnen und Schüler. Dass dazu noch Selbstständigkeit im Denken, aber auch Verantwortungsbewusstsein den anderen Gruppenmitgliedern gegenüber gefördert werden, macht diese Methode umso effektiver. Nebenbei gibt es für die Gruppen einmal mehr Gelegenheit zur Präsentation.
Für die Stationen Blau, Gelb und Grün, die von Ihnen korrigiert werden sollten, schlagen wir Bewertungspunkte vor. Die genaue Gewichtung liegt selbstverständlich bei Ihnen. Die Stationen Weiß liegen ebenfalls in Ihrem Ermessen: etwas Süßes als Motivation zum Weiterarbeiten oder die Empfehlung, sich für zehn Minuten an der frischen Luft zu erholen – Ihren Ideen sind hier keine Grenzen gesetzt.
Das Zeitmanagement liegt in der Verantwortung der einzelnen Gruppen, mit Ausnahme der abschließenden Station Rot. Deren Aufgabenstellung für die Schülerinnen und Schüler können Sie dem Muster 2 (S. 49) entnehmen. Den Beginn legen Sie als Lehrer fest, ebenso wie den Bewertungsmodus. Es hat sich bewährt, die Präsentationen von den jeweils zuschauenden Gruppen „benoten" zu lassen. Daraus und aus den zuvor erworbenen Punkten ermitteln Sie schließlich die Siegergruppe.

Übersicht über die Übungen aus dem Schülerbuch (SB), die wir zum Lernzirkel zusammengestellt haben und einsetzen

Station Blau	Übungen zur Gliederung der schriftlichen Arbeit:	
	Übung *Strukturieren und Gliedern*	SB S. 74
	Übung *Gliederung und Inhaltsverzeichnis*	SB S. 75
	Übung *Vorwort und Einleitung*	SB S. 80
Station Gelb	Übungen zur Sprache einer wissenschaftlichen Arbeit:	
	Übung *Umständlicher Stil*	SB S. 85
	Übung *Dogmatisch-manipulativer Stil*	SB S. 86
Station Grün	Übungen zum wissenschaftlichen Apparat:	
	Übung *Literaturverzeichnis*	SB S. 90
	Übung *Kurzbeleg*	SB S. 91
Station Rot	Präsentation — Muster 2 im Lehrerband auf	S. 49

dazwischen nach Bedarf

Stationen Weiß — Erholung und Wohlbefinden

Muster 1: Information und Einführung für die Schülerinnen und Schüler

Herzlich willkommen beim Lernzirkel zum Thema *Die Form der schriftlichen Seminarkursarbeit.* In den folgenden Stunden werden Sie verschiedene Stationen durchlaufen, die Ihnen zeigen sollen, welche formalen Voraussetzungen eine schriftliche Seminarkursarbeit verlangt. Hierbei sind Sie nicht Konsumenten, die mit Informationen gefüttert werden, sondern Sie dürfen selbst aktiv werden. Dabei stehen Sie in einem Wettbewerb mit anderen Gruppen. Dem Sieger winkt ein attraktiver Preis.
Damit Sie erfolgreich arbeiten, sollten Sie die Aufgaben, die auf Sie zukommen, zusammen planen und organisieren. Wie Sie das machen, bleibt Ihnen überlassen. Wie sagte schon der US-amerikanische Präsident Theodore Roosevelt: *Alle Ressourcen, die wir brauchen, haben wir in unserem Kopf.* In diesem Sinne viel Erfolg beim Ausschöpfen Ihrer Ressourcen!

Hier ist eine Übersicht über die Aufgabenfelder:

Station Blau:	Übungen zur **Gliederung** einer schriftlichen Arbeit
Station Weiß:	Pause
Station Gelb:	Übungen zur **Sprache** einer schriftlichen Arbeit
Station Weiß:	Pause
Station Grün:	Übungen zum **wissenschaftlichen Apparat** einer Arbeit
Station Rot:	**Präsentation**

Lösungsvorschläge und Kommentare

Die Gliederung

Seite 74

Strukturieren und gliedern

Wurzeln des Jazz
Spirituals, Worksongs, Blues, Ragtime, 1900

Traditional Jazz
New Orleans-Jazz, Louis Armstrong, 1910, Dixieland, *Combo, Improvisationen*
1920, Chicago-Jazz
1930, Swing, Benny Goodman, *Big Band, Arrangements, Glenn Miller, Duke Ellington*

Modern Jazz
1940, Bebop, Charlie Parker
1950, Cool Jazz, Miles Davis
1960, Free Jazz, Ornette Coleman

Hinweis: Die *kursiv* gedruckten Namen und Begriffe können ergänzt werden.

Seite 74

Die Gliederung

Tipp

Selbstverständlich liegt die Wahl eines solchen Themas in Ihrem Ermessen. Somit sind Ihrer Fantasie keine Grenzen gesetzt. Allerdings sollen Anspruch und Themenstellung lediglich als Mittel zum Zweck dienen – es geht ja letztendlich um die Seminarkursarbeiten Ihrer Schüler –, aber umfangreich genug sein, um unterschiedliche Gliederungsmöglichkeiten zu finden und gegeneinander abzuwägen.
Wir haben auch schon ausprobiert: *Der Maulwurf – ein Freund des Menschen?*
Die Beatles – Meilensteine in der Musikgeschichte?

Von der Gliederung zum Inhaltsverzeichnis

Gliederung und Inhaltsverzeichnis

Seite 75

Zu verwenden als Übung der Station Blau des Lernzirkels.
→ Thema: *Die Architektur der Moderne am Beispiel Berlins*

1 Vorwort
2 Einleitung

3 Die Architektur der Moderne
3.1 Ein neuer Stil in einer neuen Zeit
3.2 Unterschiede zu früher
3.3 Bauen als soziale Herausforderung

4 Der Fall Berlin
4.1 Das Beispiel Siemensstadt
4.1.1 Der Siemenskonzern: vom Handwerksbetrieb zum Weltunternehmen
4.1.2 Die Notwendigkeit einer Arbeiterstadt
4.1.3 Entwicklungsgeschichte der Siemensstadt
4.1.4 Die Entwicklung der Siemensstadt bis heute
4.1.5 Weitere Arbeitersiedlungen
4.2 Berliner Häuser
4.2.1 Moderne Häuser in Berlin-Mitte
4.2.2 Das Haus Feudenberg

5 Schlussbetrachtung
6 Literaturverzeichnis
7 Bildnachweis

Das Inhaltsverzeichnis

Seite 76

„Familie in der Spaßgesellschaft"
+ Ein durchgehendes Gliederungssystem wurde verwendet.
+ Die Überschriften ersten Grades sind fett hervorgehoben.
+ Alle für eine wissenschaftliche Arbeit notwendigen Teile sind vorhanden.
+ Als Fragen formulierte Kapitelüberschriften machen das Vorgehen des Verfassers transparent.
+ Der Bezug zwischen dem Thema der Arbeit und den Unterkapiteln ist klar.
- Die Seitenzahlen sind nicht rechtsbündig. Das erschwert den schnellen Zugriff. Ab Punkt 5 fehlen sie ganz.
- Eine tiefere Gliederung im recht umfangreichen Hauptteil, bis zum dritten Grad, ist zu empfehlen.

„Hedonismus in der Kunst der Spaßgesellschaft"
+ Ein durchgehendes Gliederungssystem wurde verwendet.
+ Alle für eine wissenschaftliche Arbeit notwendigen Teile sind vorhanden.
+ Die drei Grade der Kapitel sind sehr übersichtlich gestaltet, sodass der Leser in der großen Fülle von Gliederungspunkten nicht untergeht.
+ Alle Kapitelüberschriften haben einen deutlichen Bezug zum Thema der Arbeit.
+ Die Seitenzahlen stehen rechtsbündig untereinander.
- Die Kapitel des Hauptteils sind im Umfang sehr unterschiedlich.

„Pädagogische Reformansätze in der Moderne"
+ Alle für eine wissenschaftliche Arbeit notwendigen Teile sind vorhanden.
- Ein durchgehendes Gliederungssystem wurde verwendet, aber die im ersten Grad bleibende Nummerierung macht die Gedankengänge dieser Arbeit und den Bezug der Kapitel untereinander nicht sehr transparent.
- Die Seitenzahlen fehlen ganz.
- Die Überschriften sind sehr knapp formuliert und damit wenig aussagekräftig.

Tipp

Haben Sie noch geeignetere Beispiele, welche die Ansprüche an ein gutes Inhaltsverzeichnis klarmachen? Bringen Sie sie ein! Wichtig erscheint uns, dass Ihre Schüler ein Gefühl dafür entwickeln, dass ein Inhaltsverzeichnis auf einer einzigen Seite die geballten Informationen der kompletten schriftlichen Arbeit dem Leser strukturiert zur Verfügung stellt.

Die Teile der Arbeit

Oft sehen Schüler das Verfassen einer schriftlichen Arbeit als die mühsamste Hürde auf dem Weg zum erfolgreich bestandenen Seminarkurs an. Deshalb stammen die meisten Übungsbeispiele aus schriftlichen Seminarkursarbeiten, die wir seit 1998 an unserer Schule betreuen durften. Viele von ihnen zeigen einerseits, wozu Schüler bei zielgerichteter Anleitung fähig sein können. Andererseits ermöglichen diese Beispiele es Ihren Seminarkursteilnehmern nachzuvollziehen, dass das Verfassen einer wissenschaftlichen Arbeit bereits im schulischen Rahmen zu bewältigen ist.

Seite 80

Vorwort und Einleitung

→ Zu verwenden als Übung der Station Blau des Lernzirkels.

Lösung Vorwort

Mit der Abgabe dieser Arbeit habe ich einen Großteil des Seminarkurses geschafft. Ich kann auf ein sehr interessantes und anstrengendes halbes Jahr zurückblicken. Seminarkurs – das heißt zu lernen, wie man erfolgreich einen Vortrag hält, richtig Ergebnisse präsentiert und einen solchen Bericht schreibt. Er ist eine Möglichkeit, Fähigkeiten während der normalen Schulzeit zu erlernen, die auch später noch von großem Nutzen sind. Ich bin froh darüber, diese Möglichkeit wahrgenommen zu haben. Trotz des riesigen Arbeitsaufwands hat es mir Spaß gemacht, mich mit einem selbstgewählten, außerschulischen Thema derart intensiv zu beschäftigen. An dieser Stelle möchte ich mich bei den betreuenden Lehrern bedanken, die viel Zeit und Energie eingesetzt haben, um uns Schülern oben genannte Fähigkeiten beizubringen. Ich widme diese Arbeit allen Ehrenamtlichen und freiwillig Engagierten, die Zeit, Kraft und Kreativität einsetzen, um anderen zu helfen und um etwas für das Gemeinwohl in unserer Gesellschaft zu tun.

Lösung Einleitung

Spaß bedeutet Zerstreuung, Zeitvertreib und Vergnügen. *Gesellschaft* ist im weitesten Sinne die Verbundenheit von Lebewesen im selben Lebenszusammenhang und weist auf ein strukturiertes Beziehungssystem hin. Diese oder ähnliche Erklärungen findet man in einem Lexikon. Doch kann man diese beiden Begriffe so einfach zu dem Ausdruck *Spaßgesellschaft* zusammenfassen? Viele Schriftsteller, Journalisten und Politiker sind der Meinung, dass der soziologische Begriff *Spaßgesellschaft* ein von den Medien geschaffenes Wort ist. Das Ehrenamt ist eine der wichtigsten Stützen unserer Gesellschaft, aber kaum jemand weiß, wie viele Menschen sich wirklich freiwillig engagieren. Viele nicht ehrenamtlich tätige Menschen glauben, dass für freiwillige Arbeit die eigene Freizeit „geopfert" werden muss. Sie sehen dies als Last – und nicht als Spaß. In jeder Altersgruppe, von Jugendlichen bis hin zu den Senioren, gibt es Ehrenamtliche. Das wichtigste Dokument, das diesem Bericht zugrunde liegt, ist der Freiwilligensurvey 1999, die momentan umfangreichste Untersuchung von Ehrenamt, bürgerschaftlichem Engagement und Freiwilligenarbeit in Deutschland.

Tipp

Lassen Sie Fragen an die Gliederung der Seminarkurs-Arbeiten stellen. Nehmen Sie die Inhaltsverzeichnisse als Basis. Der entscheidende Punkt ist: Wo und wie ist der Bezug zur zentralen erkenntnisleitenden Fragestellung?

Das Thema und die erkenntnisleitende Fragestellung

Für uns ist diese Phase bei der Entstehung der schriftlichen Seminarkursarbeit die entscheidende, wenn es nämlich zu überprüfen gilt, ob die Ziele des Seminarkurses – über den alltäglichen Schulbetrieb hinausgehendes hochschulgerechtes Arbeiten im Sinne von selbstständigem,

eigenständigem Tun – umgesetzt und erreicht werden. Deshalb lohnt es sich für Sie, ebenso wie bei der allgemeinen Themenrecherche, auch bei der Entstehung der schriftlichen Seminarkursarbeit immer wieder auf die grundlegende Bedeutung der erkenntnisleitenden Fragestellung einzugehen.
Der Text auf Seite 82 des Schülerbandes zeigt unserer Meinung nach besonders gut, dass Fragen an den Text zur *Kenntnis* zwar wichtig und unerlässlich sind, aber allenfalls Meilensteine auf dem Weg zu den zentralen *Erkenntnissen* darstellen. Machen Sie Ihren Schülern diese Abstufung unbedingt und immer wieder klar.

Zur Fragetechnik

Seite 81

Mögliche Fragen zum Text:
1. Wie lautet die Übersetzung des Alten Testaments ins Griechische und welche Merkmale kennzeichnen sie?
2. Wie sind die Unterschiede zwischen Wortlaut und Inhalt eines Textes zu erklären?
3. Was ist das Besondere am Markusevangelium?
4. Welche Rolle spielt der Übersetzer für das Textverständnis?
5. Wie ist der Zusammenhang zwischen den eigenen Vorstellungen und dem Gelesenen zu verstehen?
6. ...

Zentrale Fragestellungen, auf die der Autor eine Antwort gibt:
1. Welche Konsequenzen haben Übersetzungen für das Textverständnis?
2. Welche Konsequenzen ergeben sich daraus für das Verständnis der Bibel?

Anschaulichkeit und Bildhaftigkeit in der Sprache

Im Kapitel 4 des Schülerbandes stellen wir unseren Ansatz der *Dualen Präsentation* vor. Intellekt und Emotion sollen gleichermaßen angesprochen werden. Alles, was während der Präsentation geschieht, soll der Rücksichtnahme auf den Zuhörer unterstellt werden. Dasselbe gilt unserer Meinung nach vorbehaltlos auch für die schriftliche Seminarkursarbeit. Wenn schon hier unmittelbar wahrnehmbare Reaktionen des *Empfängers* nicht registriert werden können, so hat der Autor als *Sender* umso mehr die Chance und Pflicht, über einen ganzheitlichen und vielseitigen Schreibstil breite Leserbedürfnisse zu bedienen. Die folgende Übung sensibilisiert – dies wurde von lernpsychologischen Erkenntnissen bestätigt – unterschiedliche Wahrnehmungskanäle.

Unterschiedliche Wahrnehmungskanäle

Seite 84

Visuell
Durchblick, offensichtlich, trüb, scheinbar, Gedankenblitz, Vorschau, bezeichnen, farbig, Blickwinkel, veranschaulichen
Sie haben einen Blick dafür. – Das passt genau ins Bild. – Es wäre Schwarzmalerei, zu sagen... – Das Auge erfreuen

Weitere Beispiele: erscheinen, nachsehen, hervorragend – Richten wir unseren Fokus auf ... – Dies bringt Licht in die Angelegenheit.

Auditiv
monoton, einstimmen, Stimmung, betonen, aufhören, Harmonie, ankündigen, hörbar, schweigen, mündlich
Eine Audienz geben – Man sollte nicht alles gleich ausposaunen. – Ich kann mir keinen Reim darauf machen. – Hat es bei Ihnen schon „klick“ gemacht? – Das ist Musik in meinen Ohren.

Weitere Beispiele: raunen, versprechen, erwähnen – Manche Leute machen viel Tamtam. – Achten Sie auf die Zwischentöne.

Kinästhetisch
greifbar, halten, Standpunkt, berühren, packend, zusammenfassen, mitbringen, entgegenstehen, warm, geschmackvoll, Gerücht, Geschmack
Legen Sie die Karten auf den Tisch. – Wie die Faust aufs Auge – Sind Sie auf den Geschmack gekommen? – Das hat einen bitteren Beigeschmack. – Für Leib und Seele

Weitere Beispiele: damit umgehen, empfinden, scharf – Dafür lege ich meine Hand ins Feuer. – Das ist allererste Sahne.

Seite 84

Anschaulicher Schreibstil

Visuell: Wir wollen zuerst einen Blick auf die Vorteile werfen.
Auditiv: Wie klingen denn folgende Vorteile?
Kinästhetisch : a) fühlen Kommen Sie einmal in Kontakt mit folgenden Vorteilen ...
b) schmecken Lassen Sie sich folgende Vorteile auf der Zunge zergehen ...

Seite 84

Grenzen der anschaulichen Sprache

Hier ist eindeutig ein Plan bzw. eine Skizze das Mittel der Wahl. Die Gartenstadt bedeckt ungefährt 400 ha, etwa den sechsten Teil der Gesamtfläche. Sie ist kreisrund angelegt. Sechs prächtige Boulevards durchschneiden die Stadt als Radien – von der Peripherie bis zum Zentrum 700 Meter – und teilen sie so in sechs gleiche Teile oder Bezirke. Die folgende Skizze stellt einen dieser Bezirke als eine mögliche Veranschaulichung dar.

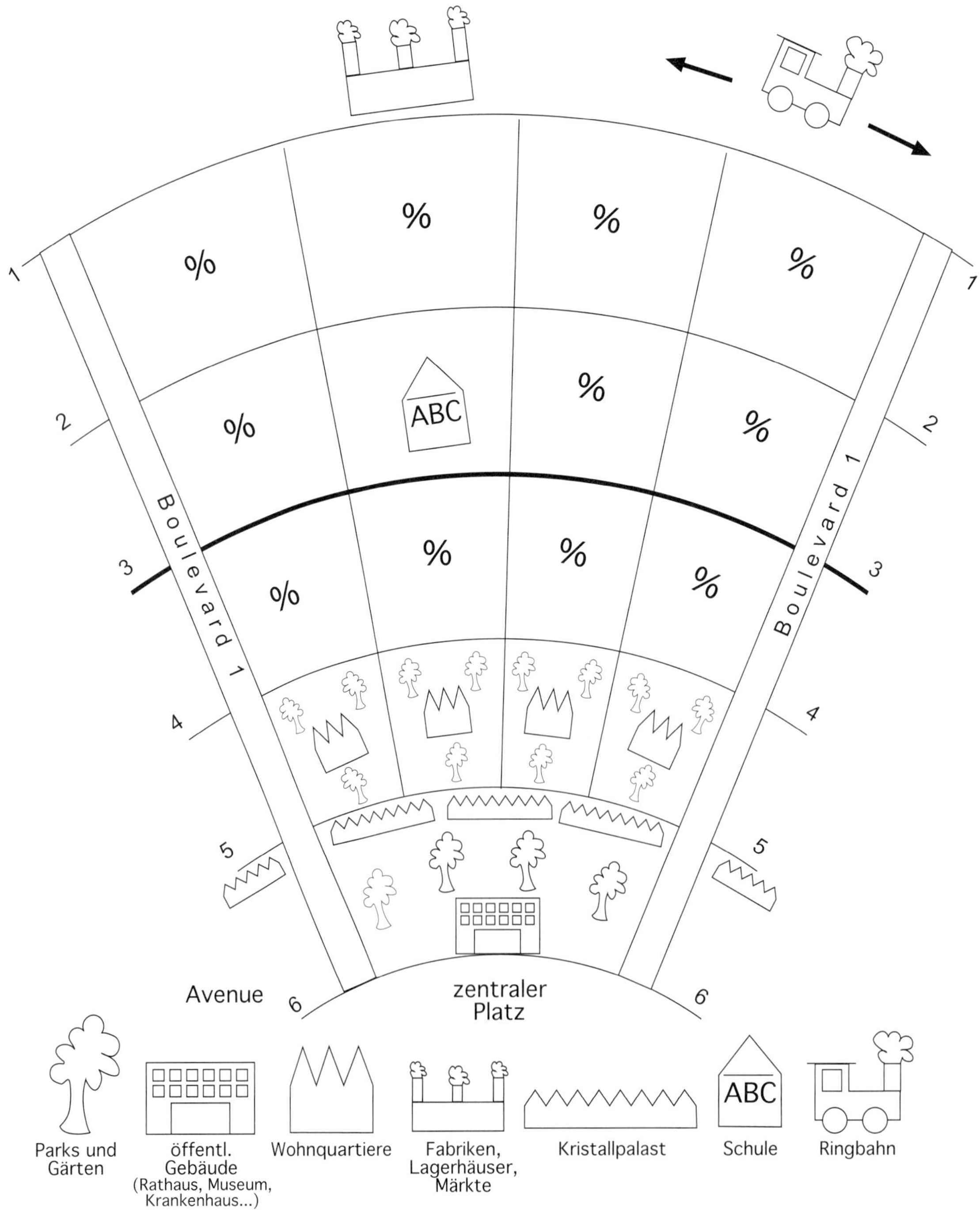

Neben den hier verwendeten, problemlos weiter zu vereinfachenden Symbolen sind vor allem unterschiedliche Farben eine sinnvolle Darstellungshilfe.

Tipp

Zum Schreibstil

Die folgenden Übungen sprechen für sich. Sie lassen sich gerade innerhalb der Methode des *Lernzirkels* kreativ und synergetisch bearbeiten. Nicht wenige Schüler erwerben nach unseren Erfahrungen eine Fülle von geschickten sprachlichen Variationsmöglichkeiten.

Beispiele eines dogmatisch-manipulativen Sprachgebrauchs

Seite 86

Wenn das Elternpaar auseinandergeht, *erleiden die Kinder immer einen Orientierungsschock.*

Um die Veränderungen ihrer gewohnten Umgebung so gering wie möglich zu halten, *wird der leibliche Elternteil in Erinnerungen und Gesprächen immer lebendig gehalten.*

In jedem Gespräch ist die alte Familie wieder vollständig.

Durch die vertrauten und persönlichen Gespräche *schließt das Kind den Stiefvater komplett aus dem Gespräch aus.*

Dadurch werden sie unruhig und unaufmerksam, *da ihre Gedanken ständig um die ehemalige Familie kreisen.*

Solange Kinder diese Veränderung in ihrem Leben nicht realisiert haben, *wird er nie eine Chance haben, sich als Vaterfigur zu behaupten.*

Die Beteiligten sind nicht in der Lage, über ihre Gefühle und Gedanken offen zu reden.

[...], dass das alte familiäre System auf die neue Familie übertragen wird und *der neue Stiefvater keinerlei Chancc hat, sich selbst zu behaupten.*

Es fasst dies als Kränkung auf, *was in jedem Fall zu neuen Konflikten führt.*

Was auch immer der Stiefvater sagt, er spricht sich weniger gegen die Kinder als gegen deren leiblichen Elternteil aus.

Seine Position in der Patchworkfamilie ist, *wie jeder sich vorstellen kann, nicht mit der der anderen Kinder zu vergleichen.*

Diese Kinder haben immer ein vertrautes und inniges Verhältnis sowohl zu ihrem Vater als auch zu ihren Halbgeschwistern.

Allgemein sind diese Kinder sehr tolerant und gegenüber Neuem aufgeschlossen.

Bewertungshinweis: Sie können bis zu 5 Punkten vergeben.

Zum Literaturverzeichnis

Seite 90

Beer, Helmut: In die neue Zeit, Nürnberg 1991

Bundeszentrale für politische Bildung (Hg.): Der Sozialstaat. Informationen zur politischen Bildung, Heft 215, Bonn 1990

Grimminger, Rolf (Hg.): Literarische Moderne. Europäische Literatur im 19. und 20 Jahrhundert, Reinbek 1995

Hetmann, Frederik: So begann unser Jahrhundert, 2. Auflage, Zürich und Köln 1984

Meißner, Werner (Hg.): Der Staat in der Sozialen Marktwirtschaft der BRD, in: Soziale Marktwirtschaft 12 (1989), S. 34-56

Peukert, Detlev: Max Webers Diagnose der Moderne, Göttingen 1989

Schrader, Bärbel: Die „goldenen" zwanziger Jahre. Kunst und Kultur der Weimarer Republik, Wien 1987

Troitzsch, Ulrich (Hg.), Die Technik. Von den Anfängen bis zur Gegenwart, Stuttgart 1987

Bewertungshinweis: Jede richtig geordnete Literaturangabe gibt einen Punkt.

Seite 91

Zum Kurzbeleg

Im französisch besetzten Baden blieben die Antifaschistischen Ausschüsse keine „periphere(n) Randphänomene" *(Schwarz, Vom Reich zur Bundesrepublik, S. 35)*. Ebenso wie zu Recht kritisiert worden ist, dass die Forschung an die Ausschüsse bisweilen mit einem überspannten Anspruch herangegangen sei und nur den Blick auf ihr Scheitern richtete *(vgl. Grebing, Antifaschismus, S. 21)*, sollte man auch keine übersteigerten Anforderungen an die Besatzungsmächte stellen. Deutschland hatte die Welt in einen Krieg von bisher unvorstellbarem Ausmaß gestürzt, hatte bedingungslos kapitulieren müssen, war besiegt, zerstört, besetzt. Die Deutschen hatten – ebenfalls anders als nach dem Ersten Weltkrieg – zwölf Jahre NS-Diktatur hinter sich, die auch an der Arbeiterbewegung nicht spurlos vorübergegangen waren. War daher das Misstrauen, das man bei vielen französischen Besatzungsoffizieren feststellen konnte, nicht doch erst einmal berechtigt?
Die Ausgangslage 1945 unterschied sich von der des Jahres 1918 viel zu sehr, als dass man die gleichen Maßstäbe anlegen könnte. Eine mit der Rätebewegung von 1918/19 vergleichbare Massenbewegung konnte es nach dem Zusammenbruch des „Dritten Reiches" nicht geben. Das lag nur zu einem Teil an den Besatzungsmächten und an der Zerstörung der Verkehrs- und Kommunikationswege. Weit wichtiger war, dass es während des Dritten Reiches – anders als zwischen 1914 und 1918 – nicht zu einer Verschärfung der Klassengegensätze gekommen war, sondern dass sich die Sozialmilieus stark aufgelöst hatten *(vgl. Klessmann, Elemente, S. 43)*. Die im „Macht- und sozialen Leistungsvakuum" *(Niethammer, Rekonstruktion, S. 36)* der unmittelbaren Nachkriegszeit entstandenen Antifas wiesen trotz ihrer zumeist lokalen Isolierung eine erstaunliche Einheitlichkeit in ihren Forderungen auf. In erster Linie waren sie auf ein „Anpacken orientiert, auf die Lösung von Tagesaufgaben, die Niederlage und Zerstörung erforderlich machten, und auf die Säuberung der Verwaltung von belasteten Beamten. Es ging ihnen vorrangig darum, das Chaos abzubauen. Aus der Schockwirkung des Dritten Reiches resultierte aber darüber hinaus in Hochburgen der Arbeiterbewegung, insbesondere auf Seiten ihrer vormaligen Führungskräfte, eine Zukunftsorientierung auf eine sozialistische Einheit *(vgl. Hauth, Einheitspolitik, S. 47f)*. In dieser Hinsicht aufschlussreich ist die Geschichte der Vereinigten Arbeiterpartei in Singen, deren Schicksal auch die Gründe für das Scheitern solcher lokalen Einheitsbewegungen zu verdeutlichen vermag.

Edgar Wolfrum, Französische Besatzungspolitik und deutsche Sozialdemokratie 1945 – 1952, Düsseldorf 1991, S. 51

Bewertungshinweis: Hierbei können Ihre Schüler 5 Punkte erringen.

Seite 92

Die Fußnote

Fußnoten dienen der Dokumentation in einer wissenschaftlichen Arbeit und verweisen auf die Herkunft von Zitaten oder Literaturstellen. Sie ermöglichen die Einordnung in den großen thematischen Zusammenhang oder weisen auf Stellen hin, in denen der betreffende Sachverhalt ausführlicher dargestellt wird. Dadurch verdeutlichen sie die eigene Vorgehensweise. Fußnoten ermöglichen es, ein das Thema unterstützendes Zitat zu bringen, das den Textfluss gestört hätte. Sie können auch die Übersetzung einer fremdsprachigen Textquelle enthalten oder umgekehrt das Zitat in der Originalsprache. Manchmal werden Fußnoten nicht direkt unten an die Seite gedruckt, sondern in chronologischer Abfolge an den Schluss des Textes gestellt – durch das viele Blättern eher leserunfreundlich.

Jürg Niederhauser, Duden. Die schriftliche Arbeit, 3., völlig neu erarbeitete Auflage, Mannheim 2000, S. 22

Bewertungshinweis: Sie können bis zu 4 Punkten vergeben.

Zum Schriftbild der Arbeit

In der einschlägigen Literatur[1] finden Sie noch viel weitreichendere Vorschriften für das Layout. Überfordern Sie aber Ihre Schüler nicht, es ist ja schließlich deren erste schriftliche Arbeit.

Muster 2: Zur Station Rot „Präsentation"

Jetzt habt Ihr Euch über drei Arbeitsstationen hinweg mit formalen Aspekten einer schriftlichen Seminarkursarbeit auseinandergesetzt.
Den Abschluss bildet eine kreative Aufgabe. Mit den Erfordernissen einer gelungenen Präsentation seid Ihr ja schon länger vertraut, sodass Euch diese Station keine Probleme bereiten dürfte.

Ans Werk:
Entwerft eine Präsentation zum Thema *Die Form der schriftlichen Seminarkursarbeit.*
Stellt diese Präsentation den Teilnehmern des Seminarkurses vor. Die maximale Dauer beträgt *fünf* Minuten. Ihr könnt maximal 15 Punkte erreichen.

Lassen Sie die Bewertung vom Publikum, das heißt von den anderen Seminarkursteilnehmern durchführen. Sie sind mit der 15-Punkte-Skala aus ihrem Schulalltag bestens vertraut. Gleichzeitig schulen Sie den Blick Ihrer Schüler für die Kriterien einer gelungenen Präsentation.

[1] Zum Beispiel Standop, Ewald/Meyer, Matthias: Die Form der schriftlichen Arbeit. Ein unverzichtbarer Leitfaden für Studium und Beruf, 16., korrigierte und ergänzte Auflage, Wiebelsheim 2002 oder Poenicke, Klaus: Wie verfasst man wissenschaftliche Arbeiten? Ein Leitfaden vom ersten Studiensemester bis zur Promotion, 2., neu bearbeitete Auflage, Mannheim 1998

7 Das Kolloquium

Das Kolloquium ist gewissermaßen die Reifeprüfung über den Seminarkurs, da der Schüler bzw. die Schülerin innerhalb des Expertengespräches Qualitäten dokumentieren kann, die sowohl durch die Basisgruppenarbeit und die Präsentationen als auch durch das Recherchieren, Strukturieren und Verfassen der schriftlichen Seminarkursarbeit erworben worden sind. Entscheidend für den Prüfungsverlauf ist die gekonnte Anleitung der Prüflinge zu durchdachten, strukturierten Ausführungen und Erläuterungen durch die betreffende Lehrkraft. Im Folgenden wird die Organisation nach dem Tuttlinger Modell beschrieben.

Äußere Form

Teilnehmer eines Kolloquiums sind alle im Seminarkurs unterrichtenden Lehrkräfte und die Mitglieder einer Themengruppe. Jeder Schüler wird 20 Minuten vom Erstkorrektor und gegebenenfalls vom Zweitkorrektor geprüft, wobei auch die anderen Lehrkräfte sich beteiligen können. Die Protokollführung obliegt einem der nicht prüfenden Lehrer.
Als Teil der Abiturprüfung erhält das Kolloquium den entsprechenden Rahmen durch korrekte Vorbereitung wie Raumwahl und -aufteilung, Sitzordnung, gegebenenfalls Medienauswahl wie Tageslichtprojektor mit Folien, Tafel mit farbigen Kreiden, Modellen usw. Bewährt hat sich eine Sitzordnung in zwei sich annähernden Halbkreisen aus Schülern und Lehrern oder zwei spitzwinklig voneinander laufenden Sitzreihen, die einen bis zwei Meter Distanz zueinander aufweisen. In jedem Falle ist ein Durchgang einzuplanen, so dass der Prüfer direkt zum Schüler gehen und ihm z.B. etwas vorlegen kann. Fällt das Tageslicht bevorzugt auf die Schüler, so können Mimik und Gestik gut beurteilt werden.
Sind alle Mitglieder einer Themengruppe geprüft und entlassen, beraten direkt im Anschluss die Seminarkurslehrkräfte über die Einzelnoten. Diese können aufgrund der Ergebnisse nachfolgender Kolloquien noch korrigiert werden. Im Tuttlinger Modell werden den Schülern später in einem persönlichen Termin mit dem Erstkorrigierenden die Noten der folgenden Teilprüfungen mitgeteilt und erläutert:
- Kolloquium
- Schriftliche Dokumentation (= Endbericht, Seminarkursarbeit, die zu diesem Zeitpunkt an die Schüler zurückgegeben wird)
- Endpräsentation

Zeitmanagement während der Vorbereitung

Als zeitsparende Prüfungsvorbereitung empfiehlt es sich, bereits direkt während der Korrektur der schriftlichen Seminarkurs-Dokumentationen Fragen, Problemstellungen, zu überprüfende Fachtermini und Querverbindungen zu anderen Themen innerhalb der Gruppe und zum Oberthema zu notieren – möglichst sofort mit Seitenangabe. Da die Dokumentation dem jeweiligen Prüfer während des Kolloquiums vorliegt, kann er so einen direkten Bezug seiner Notizen zur Arbeit herstellen, indem er möglicherweise an Schülerzitate, Diagramme, Fachbegriffe oder Literaturhinweise anknüpft. Beispielsweise kann ein Diagramm oder eine These des Schülers, auf Overheadfolie kopiert, in der Prüfung benutzt werden. Ebenso sinnvoll ist es, sich während der End-Präsentationen der Schüler Notizen zu machen, die im Kolloquium aufgegriffen werden können, z.B. Hinterfragen des Medieneinsatzes und der Gruppenarbeit beim Präsentieren (siehe Schülerband S. 99).

Durchführung

Im Kapitel 6.5 des Schülerbandes „Kategorien der Prüfungsbereiche“ (S. 98) werden den Seminarkursteilnehmern fünf Bereiche für Fragen zum Training angeboten:
- Einstiegsfragen,
- Fragen zur Befindlichkeit,
- Fragen zur fachspezifischen Kompetenz, Eigenleistung, Grad der Durchdringung des Themas,

- Fragen zur Methodenkompetenz, Planungsfähigkeit, Kreativität und Fähigkeit zur Selbstkritik und
- Fragen zur Integrationsfähigkeit, Sozialkompetenz, übergeordnetem Denken, Transfervermögen und allgemeiner Kritikfähigkeit.

Ein schriftlich fixierter, variabler Fragenkatalog mit Seitenhinweisen zur Dokumentation erleichtert den reibungslosen Prüfungsverlauf. Je unselbstständiger und weniger eloquent die Prüflinge sind, desto umfangreicher wird er ausfallen müssen, um die unterschiedlichen Fähigkeiten aufdecken zu können. Das Prüfungsgespräch soll den Schülen ermöglichen, ihre fachspezifischen Kenntnisse und den Umgang mit diesen sowie ihre Sozial-, Personal- und Methodenkompetenz unter Beweis zu stellen. Um eine Prüfungsatmosphäre mit größtmöglicher Entfaltungschance zu ermöglichen, bieten auflockernde Eingangsfragen gute Voraussetzungen (siehe Schülerband S. 101). Hierbei hat sich der Einsatz von Bildern, Modellen, Zitaten, provokativen Gegenthesen und aktuellen Artikeln aus (Fach-) Zeitschriften bewährt.

Tipp

Denken Sie bereits während der Korrektur der Seminarkursarbeit an das Kolloquium, um entsprechende Ideen und Fragen zu sammeln.

Die Übungsfragen im Schülerband und die Hinweise der betreuenden Lehrer sollten die Schüler darauf vorbereiten, dass sie im Kolloquium ihre erworbenen Kompetenzen der unterschiedlichen, nicht nur rein fachlichen Bereiche unter Beweis stellen sollen. Ein Beispiel kann dies illustrieren: Die folgende Frage eröffnet die Chance, neben dem faktischen, mehr oder weniger gut strukturierten und unterschiedlich eloquent vorgetragenen Bericht, die Gründe, die Vor- und Nachteile für neue, unentdeckte Wege darzustellen: „Schildern und erläutern Sie Ihr Zeitmanagement bei der Erstellung der schriftlichen Dokumentation!“ Das Lehrteam kann durch die Beantwortung der gestellten Frage Hinweise zu Sprach-, Personal- und Methodenkompetenz erhalten. Die Aufforderung: „Beschreiben und erklären Sie Ihre Befindlichkeit während der Gruppenarbeit über das Seminarkursjahr!“ kann möglicherweise hohe oder niedrige Personal- und Sozialkompetenz erkennen lassen, bei der die Beurteilung des eigenen Verhaltens in Wechselwirkung mit der Gruppe reflektiert wurde. Gleichzeitig können durch die Ausführungen die Ausdrucks- und Darstellungsfähigkeit beurteilt werden.

Tipp

- Wichtiger als das benotete Prüfungsergebnis ist es, den Seminarkursteilnehmern in Bezug auf den Seminarkurs und seine Herausforderungen insgesamt ein positives Gefühl zu vermitteln, da dieses Zusammenspiel nach neuerer Motivationsforschung für das künftige Verhalten der Schüler gegenüber vergleichbaren Aufgabenstellungen ausschlaggebend ist.
- Geben Sie Ihren Schülern die Möglichkeit zu längeren Ausführungen, indem Sie die Aufgabenstellungen weit fassen und Bezüge zu anderen Themen, zum Oberthema oder eine Gegenthese anbieten.
- Um einen eher schwerfälligen Prüfungsverlauf aufzulockern, lassen Sie die anwesenden Kolleginnen und Kollegen ebenfalls Fragen stellen.
- Betonen Sie das Expertentum des Prüflings, indem Sie auf seine eigenständig erarbeiteten Ergebnisse und deren Darstellung in Präsentation und Dokumentation eingehen.
- Erlauben es Atmosphäre und Thema, bitten Sie um die kurze Stellungnahme eines anderen Kandidaten. Das lockert die strenge Form der Einzelprüfung auf.
- Soweit irgend möglich, loben Sie Ihre Schüler zum Abschluss: Sie haben mit dem Seminarkurs etwas Neues gewagt und gemeistert!

8 Bewertungsfragen

Am Ende eines Kurses stellen die Schüler – in welcher Weise auch immer – ihre Ergebnisse vor, und die unterrichtenden Lehrer sehen sich der Aufgabe gegenüber, die erbrachten Leistungen zu bewerten und zu benoten. Denn: Im schulischen Kontext wird auch das Erlernen von methodischen Kompetenzen in der Regel mit irgendeiner Form der Leistungsmessung einhergehen. Im Gegensatz zur traditionellen Notengebung jedoch müssen in diesem Fall völlig unterschiedliche Teilaspekte berücksichtigt werden, was die Aufgabe für die Kursleiter nicht vereinfacht. Präsentation, schriftliche Arbeit und Kolloquium stellen jeweils unterschiedliche Anforderungen. Es ist deshalb unverzichtbar, die eigene Bewertungskompetenz zu erweitern.
Kein Zweifel darf in diesem Zusammenhang darüber bestehen, dass die Bewertung der einzelnen Präsentationsleistungen oder der jeweiligen methodischen Kompetenz nicht unabhängig vom Inhalt des Dargebrachten erfolgen kann. Es gibt keine Form ohne Inhalt. In welchem Umfang die inhaltliche Seite stärker gewichtet wird, liegt im Ermessen der bewertenden Kollegen. Sinnvoll erscheint die Verteilung von 60 % für die inhaltliche Seite und 40 % für die Präsentation.
Eine Einschränkung muss dieser Grundsatz allerdings erfahren, wenn es darum geht, Ergebnisse, die im Rahmen eines Seminarkurses vorgelegt werden, zu bewerten. Da sich die erforderliche Präsentation inhaltlich nicht wesentlich von der schriftlichen Dokumentation unterscheiden wird, würden Schüler gegebenenfalls zweimal für dieselben Unzulänglichkeiten schlecht beurteilt werden. Die Erfahrung zeigt, dass sich diese eventuelle Benachteiligung durch eine prozentual stärkere Gewichtung der Präsentationskompetenz bei der Vorstellung der Ergebnisse vor einem Publikum vermeiden lässt.
Um den Schülern und ihrer Arbeit gerecht werden zu können, sollte auf jeden Fall folgender Grundsatz gelten: Nur das, was zuvor vermittelt und eingeübt wurde, darf auch tatsächlich beurteilt werden. So reicht es beispielsweise nicht, auf die Übersichten, die im Lehrbuch unter der Überschrift „Alles klar?" stehen, zu verweisen. Dieses Gebot gilt selbstverständlich nicht für die inhaltlichen Aspekte einer Dokumentation, da die Schüler für diesen Teil alleine verantwortlich zeichnen. Der Schülerband bietet eine Fülle anschaulicher Informationen und konkreter Übungsbeispiele, anhand derer die Lernenden die erforderlichen Kompetenzen erwerben können.
Gleichermaßen von Bedeutung ist die Notwendigkeit, die Beurteilungskriterien transparent zu machen. Jedem Schüler muss klar sein, welche Maßstäbe in den einzelnen Prüfungssequenzen angelegt werden. Ferner sollte jede Leistungsmessung anhand der gültigen Kriterien mit den Prüfungskandidaten besprochen und begründet werden. Ist eine Bewertung für den Kursteilnehmer einsichtig und nachvollziehbar, schafft dies zweifellos einen höheren Grad an Akzeptanz. Auch wenn der Bewertungsproblematik gerade von Schülerseite eine große Bedeutung beigemessen wird, darf sie die konkrete Erarbeitung methodischer Kompetenzen nicht überlagern. Insbesondere zu Beginn des Curriculums sollte das Thema zurückgestellt werden, damit nicht von vornherein die gesamte Lernatmosphäre im Kurs von diesem Aspekt beeinträchtigt wird.
Im Folgenden finden Sie Hinweise zur Bewertung der Präsentation, der schriftlichen Arbeit und des Kolloquiums, die Ihnen die Notengebung erleichtern und Ihren Schülern Ihre Bewertungskriterien transparent machen sollen.

Die Präsentation

Eine gelungene Präsentation ist ein komplexes Gebilde, das sich aus unterschiedlichen Komponenten zu einem harmonischen, in sich geschlossenen und organisch strukturierten Ganzen zusammenfügt. Grafisch lassen sich die entscheidenden Eckpunkte folgendermaßen darstellen:

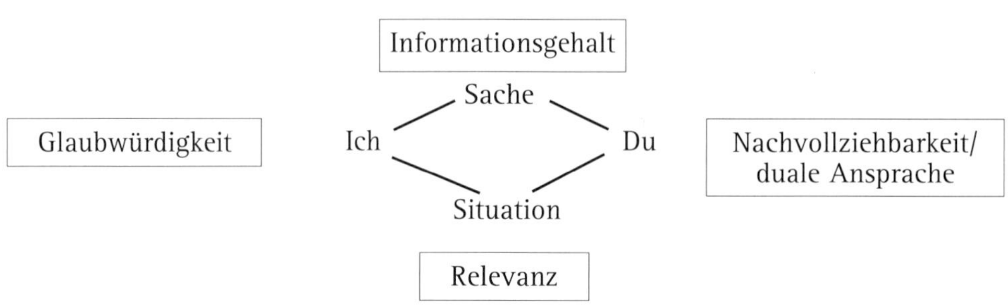

Bei einer erfolgreichen Darbietung halten die vier Bereiche ein Gleichgewicht: Die *sachlich* richtige Information korrespondiert mit einem *authentisch wirkenden Sprecher*, der seine Gedanken *klar strukturiert* dem Publikum zu Gehör bringt und dabei dessen *emotionale und kognitive Bedürfnisse* in angemessener Weise berücksichtigt. Der Vermittlungskreislauf ist jedoch nur dann geschlossen, wenn die *situative Bedeutung eines Inhalts* beim Zusammenspiel zwischen Vortragendem und Zuhörerschaft berücksichtigt wird. Diesem Charakter der Präsentation gilt es, bei einer Bewertung Rechnung zu tragen.

Die Praxis stellt sowohl Schüler als auch Kursleiter vor eine Reihe von Schwierigkeiten, denn für beide ist der Umgang mit Präsentationsprüfungen ein neues, unbekanntes Terrain. Lehrende wie Lernende sind es zwar gewohnt zu bewerten beziehungsweise bewertet zu werden, aber die Einschätzung einer Präsentation bringt andersartige Anforderungen mit sich als die oft geübten traditionellen Formen der Leistungsmessung.

Ein ganz besonderes Problem ergibt sich aus der Tatsache, dass Persönlichkeitsaspekte ein Kriterium der Leistungsfeststellung sind. Zwar spielt dieser Faktor unbewusst bei anderen Tests ebenfalls eine Rolle, doch wird er hier zwangsläufig integraler Bestandteil der Notengebung. Körpersprache und rhetorische Fertigkeiten stehen nun einmal in enger Korrelation zur jeweiligen Persönlichkeit. Diesem Sachverhalt und der damit verbundenen Verantwortung muss sich der bewertende Lehrer stets bewusst sein. Eine von Empathie und Wertschätzung getragene Besprechung beziehungsweise Kritik der gezeigten Leistung ist eine tragfähige Basis, um tiefgehende Verletzungen des Prüfungskandidaten zu vermeiden.

Zusätzlich zur allgemeinen Unerfahrenheit mit der neuen Form der Leistungsmessung mag viele Kollegen auch belasten, dass sie nicht mehr ausschließlich auf die altbewährten und mit hoher Kompetenz beherrschten fachspezifischen Eckpfeiler vertrauen können, sondern dass neue beziehungsweise neuartige Bewertungskriterien erarbeitet werden müssen. Ein Weg, festeren Boden unter die Füße zu bekommen, erfordert die Bereitschaft loszulassen und umzudenken. Genauso wie die Ursachen des Ersten Weltkriegs oder der Zusammenhang zwischen den Eigenschaften von Kunststoffen und ihrer Molekülstruktur als abprüfbare Inhalte begriffen werden können, lassen sich auch rhetorische Aspekte wie Redeeröffnung, Artikulation oder Sprechtempo als verifizierbare Sachgebiete verstehen.

Schließlich trägt die ernorme Transparenz von Präsentationsprüfungen nicht unerheblich zur Verunsicherung von Lehrkräften bei. Für gewöhnlich korrigieren sie alleine und ziehen mit ihren Bewertungen allenfalls den Unmut einzelner Schüler auf sich. Präsentationen müssen aber von ihrer Natur her vor einem Publikum stattfinden, das ganz sicher auch ein Urteil über das Dargebotene fällt. Diesen Faktor kann man nicht ausschalten, denn die Kursteilnehmer sollen ja gerade lernen, sich vor einer größeren Anzahl von Zuschauern zu behaupten. Wie so oft gilt auch hier die Binsenweisheit: Übung macht den Meister. Je öfter ein Lehrer Präsentationsleistungen bewertet, umso sicherer wird er im Urteil und umso souveräner in der Begründung und gegebenenfalls Rechtfertigung seiner Entscheidung. Die folgenden Tipps sollen helfen, das Unbehagen vor der Benotung von solchen Prüfungen zu überwinden.

Tipp

- Besprechen Sie zu Beginn mit Ihren Schülern die Regeln des Feedback (vgl. Schülerband S. 40) und bewerten Sie deren Leistungen nicht sofort im Sinne einer Benotung.

- Ziehen Sie in Übungsphasen die Kursteilnehmer im Sinne eines konstruktiven Feedbacks aktiv in die Beurteilung mit ein. Schüler entwickeln dabei ein Gefühl für sinnvolle Bewertungskriterien.

- Loben Sie zunächst drei Aspekte einer gesehenen Präsentation, bevor Sie notwendige Verbesserungsvorschläge machen.

- Besprechen Sie zu Beginn nur ausgewählte Aspekte der Vortragsleistung, die Sie vorab mit Ihren Schülern vereinbart haben.

- Nehmen Sie in der Anfangsphase nur eine grobe Leistungsdifferenzierung vor, um die Schüler allmählich an die Bewertungsmaßstäbe heranzuführen. Sehr gut – ordentlich – verbesserungsfähig könnte eine solche Einteilung sein. Die Jugendlichen gewinnen Vertrauen zu sich selbst und zu Ihnen als Bewertendem, wenn Sie nicht sofort die Notenkeule schwingen.

- Erweitern Sie erst im Verlauf des Unterrichts den Aspektekatalog und differenzieren Sie dabei zunehmend Ihre Bewertungsstufen.
- Verunsichern Sie Ihre Schüler nicht durch zu harsche Kritik, sagen Sie aber deutlich, was Sie erwarten und was bei einer mediengestützten Präsentation absolut tabu ist. Schüler müssen wissen, woran sie sind und wie sie gegebenenfalls ihre Leistungen verbessern können.
- Wenn Sie im Team unterrichten, dann benoten Sie auch im Team.
- Betrachten Sie eine Präsentation als ein Ganzes und lassen Sie sie als Gesamtheit auf sich wirken. Wenn Sie zwischen Form und Inhalt differenzieren möchten, so hat sich die Formel „zwei Drittel Inhalt : ein Drittel Form" als sinnvoll erwiesen.
- Geben Sie sofort nach der Präsentation keine vorläufigen Einschätzungen oder gar Noten bekannt, sondern überdenken Sie die Darbietung in aller Ruhe.
- Fertigen Sie zu jedem Vortrag ein Präsentationsprotokoll an. Es erleichtert Ihnen die anschließende Besprechung mit dem Schüler.

Präsentationsprotokolle können ganz unterschiedlich aussehen. Es gibt keine Ideallösung, sondern jeder Einzelne sollte sich im Laufe der Zeit für eine zu ihm passende Variante entscheiden. Im Folgenden werden mögliche Beispiele kurz vorgestellt. Am aufwändigsten sind Protokolle, die sich auf schriftliche Notizen stützen, da sie mehr Schreibarbeit erfordern als Versionen, die über ein Ankreuzverfahren sofort eine Wertung vornehmen. Das Protokoll wird auch umfangreicher und damit weniger übersichtlich. Eine Hilfe kann es deshalb sein, die Mitschrift spaltenförmig zu gliedern. Aufgrund der verbalen Fixierung ist diese Form aber gut geeignet, später den Verlauf einer Präsentation genau zu rekonstruieren – vorausgesetzt der Protokollant war in der Lage, dem Vortrag aufmerksam zu folgen. Insbesondere bei Präsentationsabenden, an denen mehrere Schüler ihre Arbeitsergebnisse zu Gehör bringen, ist dies ein nicht immer einfaches Unterfangen. Je nach Differenzierungsgrad der einzelnen Beobachtungsaspekte besteht für den Prüfer bei der Ankreuzmethode die Gefahr, den Überblick über seine Vorlage verlieren. Er sieht quasi den Wald vor lauter Bäumen nicht mehr. Beide Methoden haben also Vor- und Nachteile. Egal welche Variante bevorzugt wird, die Festlegung einer Gesamtnote ist unumgänglich und die Praxis zeigt, dass die Notenvarianz zwischen den beiden Protokollarten sich als minimal erweist.

Präsentationsprotokoll Variante 1

Name:.. Datum:....................................

Thema:...

Zeit	Inhalt	Medien	Bemerkungen

Präsentationsprotokoll Variante 2

Name:.. Datum:....................................

Thema:...

-1	-2	-3	Beobachtungsgegenstand	+1	+2	+3	Bemerkungen
			INHALT				
			Fachliche Richtigkeit				
			Themeneingrenzung				
			Themengliederung				
			Argumentation				
			Differenzierung/Problematisierung				

			RHETORIK				
			Adressatenorientierung/Duales Prinzip				
			Redestruktur				
			Redetechnik				
			Sprachliche Qualität				
			Körpersprache				

			VISUALISIERUNG				
			Adressatenorientierung/Duales Prinzip				
			Gestaltung				
			Funktionalität				
			Medieneinsaztz				

			SONSTIGES				
			Allgemeiner Eindruck				
			Zeitplanung				
			Umgang mit Pannen				

Präsentationsprotokoll Variante 3

Name:.. Datum:....................................

Thema:...

Beobachtungsgegenstand	1	2	3	4	5	6	7	8	9	10
INHALT										
Fachliche Richtigkeit										
Themeneingrenzung										
Themengliederung										
Argumentation										
Differenzierung/Problematisierung										
RHETORIK										
Adressatenorientierung/Duales Prinzip										
Redestruktur										
Redetechnik										
Sprachliche Qualität										
Körpersprache										
VISUALISIERUNG										
Adressatenorientierung/Duales Prinzip										
Gestaltung										
Funktionalität										
Medieneinsatz										
SONSTIGES										
Allgemeiner Eindruck										
Zeitplanung										
Umgang mit Pannen										

Die schriftliche Arbeit

Kriterien einer gelungenen schriftlichen Arbeit

Zur äußeren Form → *einfache Gewichtung*

- Einband, Vollständigkeit und Attraktivität des Deckblatts
- Inhaltsverzeichnis, Seitennummerierung
- DIN A 4-Format, einseitig bedruckte Blätter
- Ausreichende Ränder, Blocksatz
- Zeilenabstand, Schriftgröße, Schriftbild
- Konsequenz in der Darstellungsform beim Zitieren, beim Nummerieren und Belegen von Schaubildern und bei Fußnoten
- Illustrationen
- Bibliografie und weitere Belege

Zur Sprache → *einfache Gewichtung*
- Orthografie und Grammatik
- Klarheit und Anschaulichkeit im Ausdruck
- Schreibstil und Eloquenz
- Korrektheit der Fachsprache

Zur Gliederung → *einfache Gewichtung*
- Themenbezogenheit
- Logik
- Quantitative und qualitative Zweckmäßigkeit der ausgewählten Gliederungspunkte
- Formulierung der Kapitelüberschriften

Zu Inhalt und Wissenschaftlichkeit → *dreifache Gewichtung*
- Erfassung und Eingrenzung des persönlichen Themas, Zusammenhang mit Kurs- und Gruppenthema
- Originalität aller Fragestellungen, besonders der zentralen Fragestellung und Konsequenz bei deren Beantwortung
- Selbstständigkeit in Anlage und gedanklicher Durchdringung des Themas
- Stichhaltigkeit der Argumentation, kritische Auseinandersetzung mit dem Thema
- Abwägen von Alternativen
- Unterscheidung von Fakten und Meinungen
- Offenlegung der angewandten Methoden, Anschauungsmaterial
- Umgang mit Sekundärliteratur, Beschreibung von Versuchen

Tipp

- Wir stellen rechtzeitig vor dem Abgabetermin der schriftlichen Arbeit allen Seminarkursteilnehmern diese Bewertungskriterien und ihre Gewichtung zur Verfügung. Sie dienen ebenso als Grundlage bei der Besprechung und Begründung der Noten.
- Jede schriftliche Arbeit wird zweimal gelesen und korrigiert, von einem *Erst-* und von einem *Zweitkorrektor.* Die Noten der schriftlichen Arbeit werden gemeinsam festgelegt.
- Der *Erstkorrektor* steht dem jeweiligen Schüler als Ansprechpartner in allen Seminarkursbelangen zur Verfügung.
- Die Zuteilung der einzelnen Schüler zu ihren Erstkorrektoren nehmen wir vor, sobald die persönlichen Themen und die Gruppenthemen feststehen.

Das Bewertungsrad

Sie kennen sicher folgende Situation: Die schriftliche Seminarkursarbeit eines Schülers ist gelesen. Sie haben sich entsprechende Notizen gemacht und eine ungefähre Benotungsidee. Weil Sie mit den zahlreichen anderen Schülerarbeiten ebenso verfahren müssen, hätten Sie gerne einen aussagekräftigen und schnellen Überblick auf einem Blatt – zum Vergleich mit anderen Arbeiten oder zum Austausch mit dem Zweitkorrektor. Das folgende, von uns entwickelte Bewertungsrad zeigt Ihnen nicht nur die einzelnen zu beurteilenden Bereiche, sondern auch die Benotungstendenz selbst – und zwar schnell und auf einen Blick. Zusammen mit der Checkliste „Kriterien einer gelungenen schriftlichen Arbeit" (S. 56 f.) hilft Ihnen das Bewertungsrad
- bei der Zuordnung von guten und problematischen Aspekten der schriftlichen Arbeit in die Notenbereiche,
- beim schnellen Überblick über alle Aspekte der Arbeit auch nach längerer Zeit,
- bei der eigentlichen Notenfindung und
- bei der Nachhaltigkeit Ihrer Überlegungen.

Seminarkurs 2 ______ / ______ Kursthema:

Bewertungsrad[1] zur Beurteilung der schriftlichen Arbeit von:
Thema:
Gruppenthema:
Gruppenmitglieder und ihre Themen:

Notenbereich

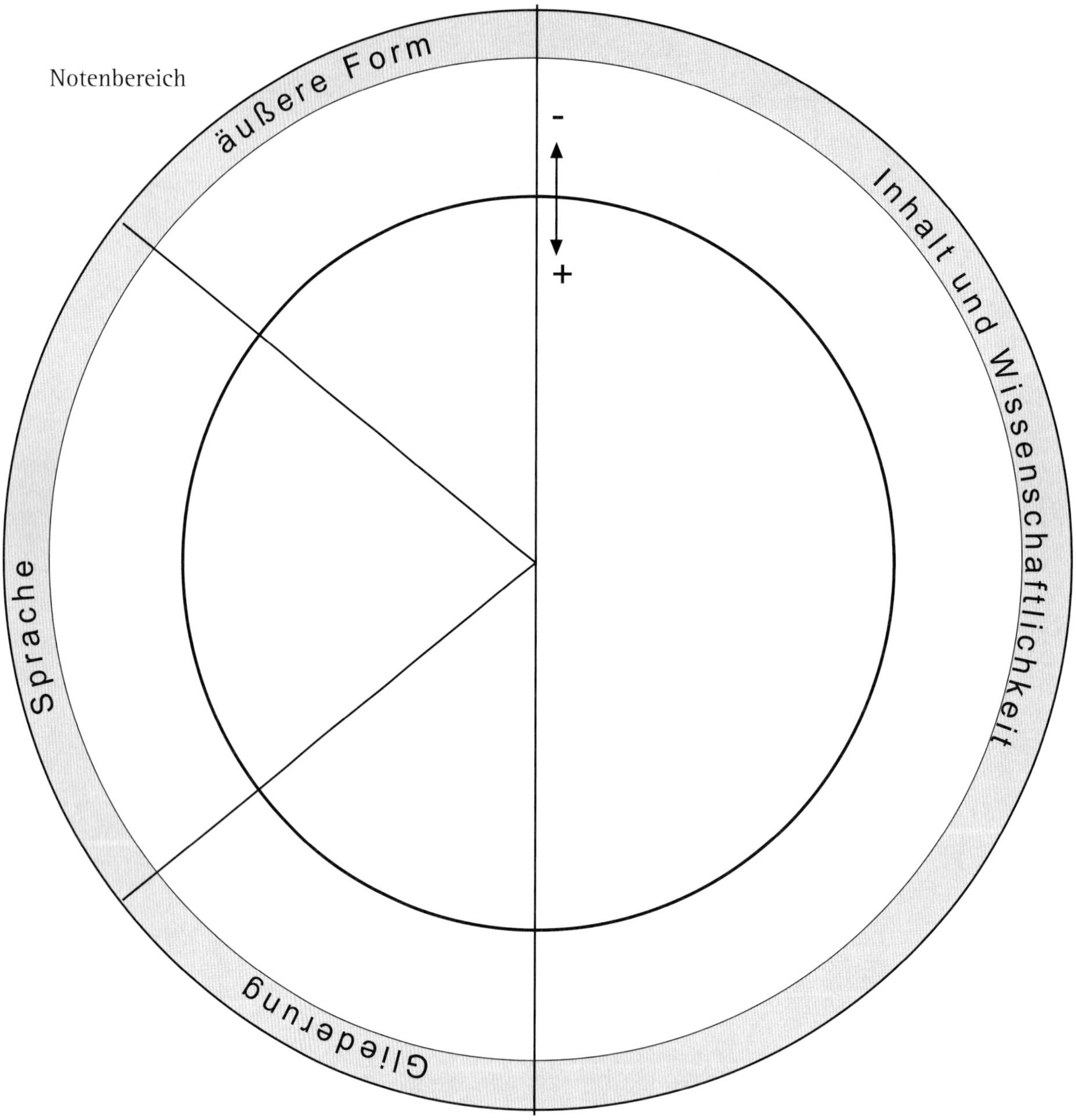

[1] Für die Anregung zum Bewertungsrad danken wir unserem Kollegen Matthias Kremer.

Tipp

- Kopieren Sie sich diese Vorlage nach der Schülerzahl Ihres Seminarkurses. Nach Bedarf vergrößern Sie die Vorlage, um Platz für Ihre Stichworte zu gewinnen.
- Schreiben Sie im Bewertungsrad relativ klein und in Stichworten.
- Notieren Sie unbedingt immer die entsprechende Seitenzahl der Schülerarbeit zu Ihren Stichworten, damit Sie später schnell darauf zurückgreifen können.
- Achten Sie auf den Plus/Minus-Bereich in Ihrem Bewertungsrad, wenn Sie Ihre Anmerkungen aufschreiben. Je weiter innen Sie diese anbringen, desto besser wollen Sie diesen Aspekt benoten und umgekehrt. Der innere Kreis ist als eine Art Signal zwischen den Bereichen gut und befriedigend zu verstehen. Selbstverständlich können Sie sich weitere Notenbereiche markieren. Für uns bewährt hat sich allerdings eine möglichst aussagekräftige Einfachheit.

Das Kolloquium

Bewertungskriterien für das Kolloquium

Beobachtungsgegenstand	1	2	3	4	5	6	Bemerkungen
Personalkompetenz							
Auftreten							
Blickkontakt							
Eloquenz							
Reflexionsvermögen							
Reaktion auf Rückfragen							
Beschreiben der Befindlichkeit							
Beurteilungsvermögen der eigenen Arbeitshaltung und des Zeitmanagements							
Beurteilen der persönlichen Bedeutung des Seminarkurses							

Fachkompetenz							
Fachbegriffe – inhaltliche Korrektheit							
Eigenständigkeit bei der Erstellung der Arbeit							
Argumentationstechnik							
Beurteilungsvermögen des eigenen Vorgehens bei der Bearbeitung des Themas							
Souveränität beim Vertreten eigener Ideen, Thesen, Ansichten							
Durchdringungsgrad des Themas							
Erkenntnis von Zusammenhängen zu anderen Themen/ Oberthema							

Methodenkompetenz							
Vorgehensweise bei der Themenfindung							
Art und Kompetenz der Recherche							
Medienwahl und deren Begründung							
Qualität der Quellen							
Zeitmanagement							
Motivationserkenntnisse: - extrinsisch - intrinsisch							

Sozialkompetenz							
Beurteilungsvermögen bei Gruppenprozessen							
Teamfähigkeit, Empathie, Fairness							
Problembewusstsein							
Qualität der dargestellten Problemlösungsstrategien							

Interaktion während des Kolloquiums							
Frageverständnis							
Problembewusstsein							
Diskussionskompetenz							
Strukturierung der Ausführungen							